第 **5** 版

5th Edition

統計學

彭賓鈺　張振華　徐偉鈞　編著

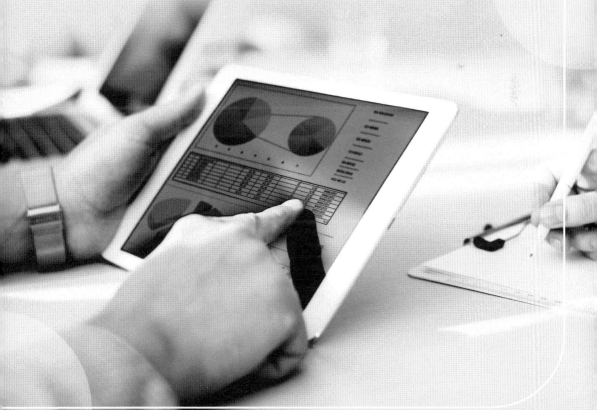

序 言 PREFACE

　　統計學是一門非常「實用」的科學，是大家眾所周知的。基於這個理由，我們就以非常「實用」的方法來介紹初等統計。這本書裡面沒有複雜的數學推導過程，只引用一些固定的統計學公式，賦予一種固定易學的解題模組，進行實際的應用解題。

　　這本書共分成四個部分。第一部分係第 1 章到第 4 章；藉由淺顯的例子來介紹敘述統計中常使用的專有名詞、統計術語與統計學公式。當然統計學中除了敘述統計學以外，少不了推論與估計的運算及理論；而推論與估計，它們就架構在本書的第二部分：第 5 章基本機率及第 6 章機率分配。而在第三部分，我們談到單母體的估計與推論檢定，在第 7 章到第 9 章，我們為初學者設計了一套「結構化解題法」，可以讓同學們了解儘管資料型態不同，只需改變不同的機率分配條件，仍然可以按照相同的解題步驟，做出合適的結論。至於較複雜的獨立雙母體、相依雙母體及變異數分析，在本書的第四部分：第 10 章中我們延伸單母體估計與推論的假設技巧，惟所有的統計計算過程均採用微軟的 EXCEL 所提供的資料分析工具來完成，最後將統計結果進行推論、結論。

　　畢竟「實用」是我們的目的；只有正確的運用統計觀念，有效的使用簡便的統計工具，才能讓你（妳）真正解決問題。

　　本次改版除了更新部分內文資訊，同時新增第 8 章第 4 節「單母體比例題型假設檢定」內容，並於第 8 章、第 9 章文末新增附錄介紹「單母體假設檢定標準解題步驟」及「卡方假設檢定標準解題步驟」，且擴充習題加強讀者演練與應用，相信定能對所有讀者有所助益。

編著者　謹識

彭賓鈺

現職： 康寧大學資訊管理科 專任教師

學歷： 成功大學應用數學研究所

經歷： 康寧專校資訊管理科 專任講師

　　　 工研院電通所副工程師

著作： 《統計學》、《數學》、《醫護數學》、《微積分》

張振華

現職： 康寧大學護理科 講師

學歷： 國立清華大學生命科學研究所 碩士

　　　 國立中央大學物理系 學士

經歷： 康寧大學圖書館 主任

　　　 康寧大學通識教育中心 副主任

著作： 《數學》、《統計學》、《生活科技》、《物理》、《生物科技》

徐偉鈞

現職： 康寧大學護理科 講師

學歷： 國立彰化師範大學科學教育所 博士班

　　　 國立中山大學應用數學所 碩士

著作： 《數學》

目 錄 CONTENTS

➡ Chapter 04　敘述統計（二）集中量數與離散量數

➡ Chapter 05　基本機率

➡ Chapter 06　機率分配

CHAPTER

01

緒　論

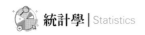

 ## 1-1　統計學的意義

　　一般人聽到**統計學**(Statistics)這個名稱總覺得這是一門難以了解的學問，但有趣的是在日常生活中每個人或多或少都使用了統計的一些方法解決問題，比如說當你想出國旅遊，在旅行社方面該如何選擇？你是否會收集足夠多的不同家旅行社相關資料（如價格、服務品質、以往口碑等），並進一步做分析比較，最後再選擇最適合的旅行社，而這一連串的過程就已經算是一種統計方法了。

　　又如藥劑師欲檢定新藥物是否比舊藥物有效？廠商如何預測新產品的市場需求？桌球教練如何利用過去的資料以採取適當的戰略？血型專家如何判斷吉普賽人是否淵源於印度？氣象局如何根據氣象衛星與各地氣候觀測站的資料預測未來一週的天氣？民意調查機構如何只訪問少數選民來預測選舉結果？每年的經濟成長率是如何預測的？這些問題我們都可以用統計方法加以解決。

　　到底統計學是什麼？簡而言之，就是依據目的將收集到的資料經過整理、分析，以作為推論的一門學問。其中在資料的整理上往往會利用到圖形或表格，在資料的分析上則涉及到數學上的公式與觀念（如平均數、標準差等），最後在資料的推論上（包括估計與檢定兩種）則需要機率的理論。

 ## 1-2　統計學的分類

　　統計學的分類可從兩個方向來考慮，第一是從功能的角度，可將統計學分為**敘述統計**(Descriptive Statistics)與**推論統計**(Inferential Statistics)。例如衛生單位想要了解一種新疫苗的療效，可從各地醫療機構所回報的疫苗接種情況，加以收集、整理，並用圖形與表格陳示出

來，這就是敘述統計。根據這些資料，再利用適當的統計方法進行研究，最後檢定出這種新疫苗確實有效，這就是推論統計。換句話說，資料的收集、整理、分析等過程都是屬於敘述統計的範圍，而由這些少數資料去估計或檢定全體的情況等過程屬於推論統計的範圍。

　　第二是從學術的角度，可將統計學分為**理論統計**(Pure Statistics)與**應用統計**(Applied Statistics)。所謂理論統計又稱**數理統計**(Mathematical Statistics)，乃是純粹以數學的方法研究種種與統計相關的公式、原理，這是一種純理論的研究。所謂應用統計乃將現有的統計方法應用於不同領域（如生物、教育、商業等），因而有**生物統計學**(Biostatistics)、**教育統計學**(Educational Statistics)、**商業統計學**(Business Statistics)的出現，雖然其名稱相異，處理的問題也不同，但是所用的統計原理與方法則是相同的。

　　茲將上述統計學的分類整理如圖 1-1 所示：

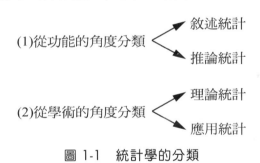

(1)從功能的角度分類 ─── 敘述統計／推論統計

(2)從學術的角度分類 ─── 理論統計／應用統計

圖 1-1　統計學的分類

1-3　變數的分類與測量尺度

　　當我們依據某種目的去收集資料時，資料通常包含數種不同特性的數據（如性別、血型、身高、體重等），每一種特性稱為一種**變數**(Variable)，對於不同類的變數，其處理的統計方法也會跟著不同，因此有必要對變數的分類與測量尺度做一探討。

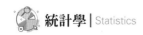

　　從變數所呈現的結果可否用數量來表達的關係來看，變數可分為**性質變數**(Attributive Variable)與**數量變數**(Numerical Variable)兩類。性質變數指的是性別、血型等這種無法用數量來表達的變數，數量變數指的是人數、身高等這種可以用數量來表達的變數。數量變數又可再依單位可否分割而分成**間斷變數**(Discrete Variable)與**連續變數**(Continuous Variable)。若變數的單位是不可分割的整數，這樣的變數叫做間斷變數，例如人數、病床數、心跳次數等。若變數的單位是可以無窮分割的，這樣的變數叫做連續變數，例如身高、體重、溫度等。

　　從實驗的因果關係上來看，則實驗的因叫做**自變數**(Independent Variable)，實驗的果叫做**應變數**(Dependent Variable)。例如一個討論「讀書時間的長短對學習成就測驗的高低之影響」的統計研究中，讀書時間為因，測驗分數為果，則讀書時間叫做自變數，測驗分數叫做應變數。

　　茲將上述變數的分類整理如圖 1-2 所示：

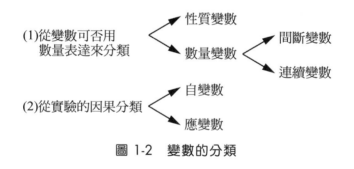

圖 1-2　變數的分類

　　我們必須依循適當的尺度測量不同的變數，常見的測量尺度包括類別、序位、等距、等比等四種。這四種尺度所能表達訊息的程度各不相同，所能適用的數學運算（如 =、≠、+、-、×、÷ 等）也不一樣，因此所能使用的統計方法亦有差異。

1-3-1　類別尺度(Nominal Scale)

這是一種最基本的測量尺度，僅有性質的不同而已，而不具大小順序的關係，因此只能表達＝、≠等數學運算關係。例如血型可分為 A、B、AB、O 等四型，性別可分為男、女兩種。值得一提的是數字也可能屬於類別尺度，以郵遞區號為例，彰化為 500，屏東為 900，此時不能說 900>500，因為他們只是代表不同地點的郵遞區號。

1-3-2　序位尺度(Ordinal Scale)

這是一種比類別尺度更高一級的測量尺度，除了具有性質的不同，而且具有大小順序的關係，因此可以表達＝、≠、＞、＜等數學運算關係。例如考試成績前三名以及操行等第都屬於序位尺度，但要注意其大小順序的每一等級差距並不見得相同，我們確知第一名成績高於第二名，第二名成績高於第三名，但是第一名與第二名的成績差距，相較於第二名與第三名的成績差距，並不見得相同。

1-3-3　等距尺度(Interval Scale)

這是一種比序位尺度更高一級的測量尺度，除了具有性質的不同以及大小順序的關係以外，同時每一等級差距一定相同，因此可以表達＝、≠、＞、＜、＋、－等數學運算關係，例如溫度、智商、出生年次等。以溫度為例，40℃大於 30℃，30℃又大於 20℃，同時 40℃與 30℃的差距，相較於 30℃與 20℃的差距，都是相同的 10℃。但是等距尺度的比例關係是沒有意義的，所以我們不能說 40℃是 20℃的兩倍，因為一但把攝氏改成華氏，則 40℃會變成 104℉，20℃會變成 68℉，此時 104℉不會是 68℉的兩倍，另外等距尺度還有一項特性，那就是它沒有絕對的零點。

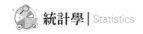

1-3-4 等比尺度(Ratio Scale)

這是最高級的測量尺度，除了具有性質的不同以及大小順序的關係以外，同時每一等級差距一定相同，且存在有意義的比例關係，因此可以表達＝、≠、＞、＜、＋、－、×、÷等數學運算關係，例如身高、體重、年齡等。因此我們可以說 180cm 的身高是 90cm 的兩倍，50kg 的體重是 100kg 的一半，另外等比尺度還有一項特性，那就是它擁有絕對的零點。

比較以上所述四種測量尺度，可發現以類別尺度最為基本，所涵蓋的訊息也最少，而等比尺度最為高級，所涵蓋的訊息也最多。茲將四種測量尺度所能表達的數學運算關係整理如表 1-1 所示。

表 1-1 四種測量尺度所能表達的數學運算關係

測量尺度	＝、≠	＞、＜	＋、－	×、÷
類別尺度	○*	×*	×	×
序位尺度	○	○	×	×
等距尺度	○	○	○	×
等比尺度	○	○	○	○

附註 「○」代表該種測量尺度可以表達的數學運算。
　　　「×」代表該種測量尺度不可以表達的數學運算。
　　　「○*」說明等於不是算術的等於，是字串的等於。
　　　「×*」說明大於不是算術的大於，是字串的大於。

 ## 1-4 測量工具的信度與效度

在測量的過程中，如果所選擇的測量工具（如問卷、測驗卷等）不適合時，就可能會產生測量誤差。例如做問卷調查時，如果編製問卷的

過程本身就有問題，那麼就算往後的統計分析再完善，問卷調查的結果也會令人質疑，因此評估測量工具的品質是很重要的。

評估測量工具的品質一般有兩項指標：**信度**(Reliability)與**效度**(Validity)。所謂信度指的是測量工具所測得結果的穩定性與一致性。例如以某磅秤測量某人體重，第一次測得為 60 公斤，某人隨即測第二次，結果變為 50 公斤，某人隨即測第三次，結果變為 70 公斤，顯然在同樣情境下重複施測的結果不夠穩定，則稱此磅秤信度低。所謂效度指的是測量工具所測得結果的有效程度。例如實驗室欲測量重量不到 1 公克的藥品，今有兩項測量工具，一為微量天平，一為人體體重計，顯然前者（微量天平）才能測得該藥品的重量，後者（人體體重計）根本無法測得該藥品的重量，這時我們可說在這個測量過程中，微量天平的效度高，人體體重計的效度低。

理想的測量工具應具有高效度與高信度，以編製測驗為例，要提高測驗的效度，就必須選取合適的教材內容，才能測出學習者的程度；而要提高測驗的信度，則可先建立大量的題庫，再以隨機抽樣的方式抽出適量的題目，編成幾份不同的測驗卷，理論上這幾份測驗卷彼此之間就會具有相當高的信度。

 ## 1-5　統計方法的順序

統計方法的順序大致可分為以下幾個步驟：

1. 確定目的

任何統計研究首要確定目的，目的確定了才能知道變量有哪些，自哪些對象蒐集統計資料。例如「某次選舉各候選人的民意調查」的研究中，目的是想了解將來各候選人的選舉得票率，則變量為人數或票數，對象為該選區所有合格的選民。

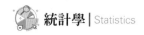

2. 蒐集資料

蒐集統計資料的方法包括**普查**(Census)與**抽樣**(Sampling)兩種。我們蒐集資料的全體對象稱為**母體**(Population)，對母體中每一個體作全面性的調查叫做普查，若是只抽出母體中的部分個體作調查就叫做抽樣。一般說來，在統計調查中較少用到普查，絕大多數用到抽樣，究其原因，乃是由於母體過於龐大，普查將耗費過多的人力、物力、時間、金錢等，另外亦有可能是由於調查時會破壞母體，使得我們不得不作抽樣調查。

3. 整理資料

我們一開始所收集的資料稱為原始資料(Primary Data)，原始資料通常是雜亂無章的，必須經過適當的分類，刪除一些不恰當的數據（例如問卷調查中有人胡亂作答），有時還得利用圖形或表格將資料陳示出來，如此經過整理過的資料稱之為次級資料(Secondary Data)，才能方便往後的分析資料與推論資料。

4. 分析資料

如果你想了解全班某次國文月考的情況，有人卻告訴你每位同學的成績，你是否會聽得一頭霧水，事實上我們只需知道全班成績的平均數與標準差，就可以大致知道全班月考的情況。也就是資料經圖形化、表格化等過程整理後，還得再進一步數據化，視需要計算其集中量數（如平均數、中位數等）、離散量數（如標準差、變異數等）或其他統計量數，用以解釋資料的分布狀況，至於細節會在第四章討論。

5. 推論資料

抽樣的目的在於利用樣本資料以了解母體的情況，這個過程是推論統計學中最重要的一環，一般包含了估計與假設檢定兩種推論方法。其基礎建立在機率的理論上，正因為如此，當我們由樣本推論出母體的情況時，並不代表此項推論必然發生，而是意味在符合一定機率要求下此項推論發生的可能性。

1-6　統計的正用與誤用

　　善用統計，可以讓我們解決很多問題，可是一旦對統計不了解，可能會讓我們被統計數字所迷惑。以下就讓我們介紹一些實例：

1-6-1　統計的正用

1. 氣象預測

　　氣象局預測天氣是統計氣象衛星與各地氣候觀測站的資料作進一步的研判而來，在以往由於欠缺統計分析的資料與工具，因而往往造成誤判，當時還流行一個笑話「若氣象局說明天天氣會下雨，則大家一定不要帶傘」，如今藉著收集大量的氣候資料與電腦的輔助，氣象局已可較準確地預測未來的天氣狀況了。

2. 經濟成長率預測

　　每年主計處都會根據統計結果，預測當年的經濟成長率，這可提供給政府各單位作為施政的參考，例如經濟成長率預期嚴重下滑時，政府就可事先採取如寬鬆貨幣政策、推動公共工程建設等方法刺激景氣回升。

3. 臨床試驗

　　臨床試驗是新藥上市前的重要評估依據，它是一個嚴謹的實驗設計，可用來比較多組罹患相同疾病的患者經不同治療方式的處理後的療效差異。整個臨床試驗的過程充分運用了統計的理論，例如首先運用抽樣的理論抽出實驗的患者，而後運用隨機的原理將患者分成**實驗組**(Experimental Group)與**對照組**(Control Group)，實驗組接受新藥治療，對照組則不以藥物治療（有時會以安慰劑治療），待療程結束，再以統計理論檢定兩組的療效是否存在顯著的差異，以判斷該種新藥的療效。

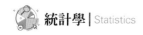

1-6-2 統計的誤用

統計的誤用大致來自於以下四方面：

1. 資料蒐集的誤用

例如美國在 1936 年的總統大選中，有一家雜誌 *Literary Digest* 利用電話簿與雜誌訂戶的名單，寄出了為數龐大（一千萬張）的模擬選票，結果回收了約二百三十萬張模擬選票，經統計後，該雜誌預測共和黨候選人 *Landon* 會大勝民主黨候選人 *Roosevelt*，但是選舉結果恰與預測結果完全相反，實際上民主黨候選人 *Roosevelt* 反而大勝共和黨候選人 *Landon*。事後探究原因，發現這是由於取樣的偏差，因為在當時能擁有電話或雜誌的人，大多數較為富有，傳統上這些人都較支持共和黨，因此即使受到調查的人數夠多，但是在取樣偏差的情況下，造成預測失真。

2. 資料整理的誤用

例如統計某家公司的薪水發放狀況，可區分成兩個等級，員工級的平均月薪為 40,000 元，主管級的平均月薪為 50,000 元，下列兩個圖形都在表達上述相同的資料分布，圖 1-3 由於縱座標的起點不是由零點開始，易於誤導大眾以為該公司主管級的平均月薪為員工級的兩倍，而圖 1-4 才能真實反映該公司的薪水發放狀況。

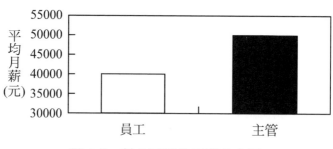

圖 1-3　某公司平均月薪分布圖

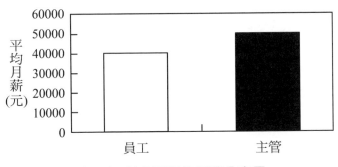

圖 1-4　某公司平均月薪分布圖

3. 資料分析的誤用

例如電視的豐胸廣告經常以絕對數目取代百分比來做宣傳，只見電視上訪問了數位使用該器材而豐胸有成的女性，誤導大眾以為該豐胸器材的功效顯著，細究隱藏在背後的事實，可能使用過該豐胸器材的顧客成千上萬，而其中只有寥寥幾位有成效，廠商就拿這幾位來做宣傳，你覺得廠商如此的宣傳是合理的嗎？

4. 資料推論的誤用

舉例而言，在某屆市長選舉中各候選人競爭激烈，媒體在選前多會利用抽樣預測選舉結果。其中 A 媒體根據其抽樣調查結果，發現在如果只有李大明、宋安安與王英俊三人競選的情況下，李大明獲得的看好率為 31%，宋安安獲得的看好率為 28%，王英俊獲得的看好率為 14%，因而寫出下列的標題「李宋王參選，李看好率較高」，表面看來倒也沒什麼問題，但仔細看一下抽樣調查的內容，上面卻寫著「本次抽樣誤差在正負三個百分點以內」，換句話說，李大明獲得的看好率應介於 28%~34%之間，宋安安獲得的看好率應介於 25%~31%之間，王英俊獲得的看好率應介於 11%~17%之間，由此觀之，宋安安獲得的看好率也有可能超過李大明，因此這樣的標題顯然誤導了社會大眾。

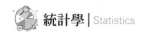

 1-7 統計與電腦應用

　　初學統計者往往最怕面對一些複雜的數學公式與運算，所幸這一切都可由電腦加以代勞，尤其在處理大量資料時，電腦更能顯現出其快速、準確的優點，我們可利用電腦來執行畫圖、製表、計算各種統計量數等工作。但請讀者切記電腦只是一種工具，它必須依靠你的正確指令才能執行無誤，讀者一旦不明瞭統計的原理與方法，除了可能選擇不恰當的指令外，對電腦輸出的結果更容易做出錯誤的解釋，所以要多加謹慎。

　　統計分析的軟體包括 Microsoft Excel、Minitab、SPSS (Statistical Package for the Social Sciences)、BMDP(Biomedical Computer Programs)、SAS(Statistical Analysis Systems)…等多種，必須視使用者的目的加以選擇，例如初學者適合使用 Excel、Minitab 等軟體，SPSS 專為學習社會科學者而設計，BMDP 專為學習生物醫學者而設計，SAS 具有完整的統計分析功能。

　　本書採用 Microsoft Excel 作為統計分析的輔助工具，因為這套軟體具有普遍及易學易懂等特性，適合初學者來使用，我們將會在第五章與第十章專門討論。

習 題

1. 敘述統計與推論統計有何差別？

2. 理論統計與應用統計有何差別？

3. 請問下列變數適用哪種測量尺度？

   (1) 每月薪水。

   (2) 人體體溫。

   (3) 身分證字號。

   (4) 車子顏色。

   (5) 市場調查將消費者分為低、中、高等三種收入。

   (6) 車牌號碼。

   (7) 建築物的高度。

   (8) 班上座號。

   (9) 作業成績以 A、B、C 區分等級。

   (10) 智商。

4. 試舉一個高信度但低效度的測量過程的例子！

5. 統計方法大致可分為哪幾個步驟？

6. 試舉在日常生活中正用統計與誤用統計的例子各一個！

MEMO :

CHAPTER

02

抽　樣

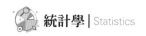

 ## 2-1　母體與樣本

如果你是一位生物學家想要了解某個湖泊裡的魚群的平均長度，你會怎麼調查呢？是一網打盡呢？還是只撈出一部分的魚呢？雖然前者可以準確知道魚群的平均長度，但是一網打盡後魚群可能全部死光了，如此的調查顯然失去意義。至於後者所調查出的部分魚群的平均長度，只要在符合一定的科學方法下，是可以代表全體魚群的平均長度。

我們蒐集統計資料的方法包括**普查**(Census)與**抽樣**(Sampling)兩種。而蒐集資料的全體對象稱為**母體**(Population)，對母體中每一個體作全面性的調查叫做普查，若是只抽出母體中的部分個體作調查就叫做抽樣，而被抽出的部分個體稱為**樣本**(Sample)，描述母體的特徵量數稱為**母數**或**參數**(Parameter)，描述樣本所具有的特徵量數稱為**統計量**或**表徵數**(Statistic)。而抽出樣本的目的就是為了能由少數資料去推論母體的狀況。

以上述撈魚的故事為例，母體就是湖泊裡的全部魚群，樣本就是被抽出的部分魚群，一網打盡就是一種普查，撈出一部分的魚就是一種抽樣，全部魚群的平均長度就是一種母數，被抽出的部分魚群的平均長度就是一種統計量。

茲將上述樣本與母體的關係以圖 2-1 加以說明：

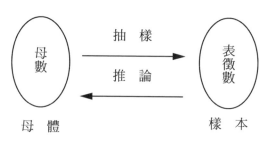

圖 2-1　樣本與母體的關係圖

　　一般說來，在統計調查中較少用到普查，絕大多數用到抽樣，究其原因，乃是由於母體過於龐大，普查將耗費過多的人力、物力、時間、金錢等，另外亦有可能是由於調查時會破壞母體，使得我們不得不作抽樣調查。

　　例如全國的戶口普查為何不要每年舉行呢？顯然是因為全國人口眾多，普查將耗費過多的人力、物力、時間、金錢。另外以上述撈魚的故事為例，撈魚本身可能會對魚群造成傷害，所以這種情況只能用抽樣調查。又如一家燈泡生產工廠，假如把每一個燈泡都通電測試其耐用時間是否合乎標準，那麼等試驗完成，燈泡也全部燒壞了，所以這種情況只能用抽樣調查。

2-2　抽樣誤差與樣本大小

　　上述撈魚的故事中，若被抽出的部分魚群的平均長度為 50 公分，但全部魚群的實際平均長度為 55 公分，兩者間顯然產生了誤差，這種由抽樣產生的誤差稱為抽樣誤差，亦即是由樣本得到的統計量與母體參數值兩者間的差異。凡是抽樣就不可避免會產生這種誤差，但是藉由增加樣本數，就會減少抽樣誤差。

　　抽樣時所需考慮的第一件事是樣本大小，也就是樣本數的問題。正常情況下抽出越大的樣本所能得到的預測結果越準確，即是抽樣誤差越小，但所付出的代價是耗費相當的人力、物力、時間、金錢。但若抽出過小的樣本，雖然節省了人力、物力、時間、金錢，但是預測結果的誤差（抽樣誤差）可能會超過我們所能容許的範圍。因此選擇合適的樣本大小是很重要的。

　　依據不同的母體型態與我們所能容忍的誤差範圍，有一些公式可以用來計算樣本大小，但是基本上樣本數應以不少於 30 個較為理想。

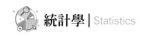

2-3　抽樣方法

　　抽樣的目的在於獲得具有代表性的樣本,用以了解母體的情況,因此抽樣的方法非常重要。一般而言,抽樣的方法包括**隨機抽樣**(Random Sampling)與**非隨機抽樣**(Nonrandom Sampling)兩大類。由隨機抽樣得來的樣本稱為**隨機樣本**(Random Sample),由非隨機抽樣得來的樣本稱為**非隨機樣本**(Nonrandom Sample),其中隨機樣本的取得較客觀,適合用來做推論統計之用。而非隨機樣本的取得較主觀,不適合用來做推論統計之用,但在不必或不能實施隨機抽樣時,也會被用到。我們將在以下兩節中分別作詳細的討論。

2-4　隨機抽樣

　　隨機抽樣又稱為**機率抽樣**(Probability Sampling),指的是母體中的每一個體都有可能被抽到,其方法是隨機的、非故意的,因此每一個體被抽到的機率可被事先算出,如此所選出的樣本才具有代表性,也才適合做進一步的推論,以免被抽出的樣本只具有某一種特徵,而無法代表整個全體,進而造成極大的偏差。例如從某一學校抽取部分學生以研究一般學生的身高時,我們必須使每位同學都有相同的機會被抽中,以免被抽出來的樣本大部分是高個子或矮個子的現象。

　　隨機抽樣一般可分為下列四種:**簡單隨機抽樣**(Simple Random Sampling)、**系統抽樣**(Systematic Sampling)、**分層抽樣**(Stratified Sampling)和**集群抽樣**(Cluster Sampling)。

2-4-1　簡單隨機抽樣

　　將母體中的每一個體按照順序給予編號,再運用隨機性的方法,一次抽完所需要的樣本數,這樣的抽樣叫做簡單隨機抽樣。其可能利用的

工具包括籤筒、彩券、號碼球與**隨機號碼表**(Table of Random Numbers)等。如果母體內的個體數量不大，而且個體性質分布較均勻時，使用簡單隨機抽樣較理想。

隨機號碼表又稱亂數表，此表是由 0~9 這十個阿拉伯數字依照隨機出現的原則編排而成（如表 2-1），讀者亦可藉由電腦相關統計軟體的亂數產生器中得到所需的隨機號碼。隨機號碼表中每 5 個數字都留有空格，這只是為了方便查閱，並沒有特別的意義，使用時當作沒有此空格的存在，至於詳細的使用方法見於例題 2.1。

表 2-1　隨機號碼表的一部分

84652	94248	08376	01335	99248	52061	22135	55985	58709	13340
57881	90025	93613	48487	60454	36107	03492	90655	11782	72965
35946	14698	36089	12420	63673	53865	45293	00163	82618	23399
08686	16812	77721	19176	61667	09251	53843	94470	36355	36234
95480	45736	03002	24010	30380	51197	63459	69890	74588	46387
91446	62290	40894	35102	84276	75127	45364	42346	60626	75492
72865	13546	61414	98462	51934	55057	31621	81691	19236	52803
24102	09223	64060	80718	63355	74414	21514	74940	85873	61390
83563	47729	87309	37789	90455	44049	06678	30491	86017	02918
28837	39763	67947	59462	58438	29629	03568	10493	27340	55201
21276	87526	50838	68481	16619	03025	17196	93832	01647	30436
13913	93308	32847	08599	34565	88473	54710	38985	79899	08515
36131	28773	28392	72606	56602	19357	91477	12481	23702	87522
49223	22910	77809	42702	61359	22489	64029	18250	99226	67722
61958	22946	57007	70687	92142	28916	41303	85953	03671	44368

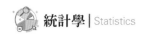

 例題 2.1

　　利用表 2-1 所示之隨機號碼表，以簡單隨機抽樣從班上 40 位同學中抽出 6 位當公差。

解

(1)編號：利用現有座號代替每一位同學（設座號為 01~40 號）。

(2)決定方向：先不看表，決定讀出編號的順序，例如先由左而右，次由上而下讀出編號。

(3)決定起點：先不看表，隨意決定以某行某列當起點，例如指定由第六行第七列當起點，則表 2-1 的起點為 1。

(4)寫下編號：按照(2)之方向，取出與編號相同的位數之相關數字，以本題為例則需每兩位數一取，結果如下：13、54、66、14、14、98、46、25、19、34、55、05……。

(5)決定樣本：捨棄超過 40 和重複的編號，則選出之六名公差為 13、14、25、19、34 與 05 號。

2-4-2　系統抽樣

　　又稱**等距抽樣**，乃將母體中的每一個體按照順序給予編號，接下來再按照一定的距離，等間隔的抽完所需要的樣本數。如果母體內的個體數量較大，而且個體性質分布較均勻時，使用系統抽樣較理想。

　　實施**系統抽樣**，首先要知道需間隔多遠抽一個樣本，這就是所謂的抽樣區間(Sampling Interval)，其求法如下：

$$抽樣區間 = \frac{母體個體總數}{樣本數}$$

　　求抽樣區間時，如不能整除，尾數的取捨可採四捨五入、無條件進位或無條件捨去。另外要注意有時我們會將編號首尾相接，以求得足夠的樣本數。

例題 2.2

　　以系統抽樣從班上 40 位同學中抽出 6 位當公差。

　　首先決定以四捨五入求出抽樣區間為 $40/6 \fallingdotseq 6.6 \fallingdotseq 7$（人），其次從 01~07 等座號區間以簡單隨機抽樣抽出第一人，假設抽出 6 號，接下來依序加上等間隔 7，則抽出之公差為 6、13、20、27、34、1 等六人，請留意最後被抽出的人原為 41 號，因該班無此座號，在將座號首尾相接的情況下，因而選出 1 號。

2-4-3　分層抽樣

　　將母體依照某種特性分成若干**層**(Strata)，再由各層隨機抽取所需樣本數的方法，稱為分層抽樣。分層抽樣的使用時機是當母體中的個體分布不均，且具有分層的傾向時用之，可避免造成抽出樣本的代表性不夠。此時層與層的性質差異大，但層內個體性質相近，當各層依此比例抽出所需樣本數，更能提高抽樣的精確度。

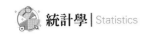

 例題 2.3

　　銀行欲抽出 500 人了解該行信用卡持卡人的平均消費情況，已知持卡人計 10,000 人，可再分成高消費者 2,000 人，中消費者 5,000 人，低消費者 3,000 人，則該銀行應如何進行抽樣？

 解

　　因母體 10,000 人中，可分成三層性質差異大的消費族群，故採分層抽樣為宜。

　　此時高、中、低三層人數比例為 2000：5000：3000＝2：5：3

　　故須從高消費者以簡單隨機抽樣法抽出 500×2/(2+5+3)=100（人）

　　從中消費者以簡單隨機抽樣法抽出 500×5/(2+5+3)=250（人）

　　從低消費者以簡單隨機抽樣法抽出 500×3/(2+5+3)=150（人）

　　合併三層所抽出的人數即是 100+250+150＝500（人）

2-4-4　集群抽樣

　　又稱**部落抽樣**，就是將母體依某種標準分成若干差異甚小的群 (Cluster)，而每一群就好像是母體的小縮影，接下來視樣本數的多寡，再隨機抽取一些群體，再對這些群體作全面的調查，稱為集群抽樣。

　　集群抽樣中群與群的性質差異小，但群內個體性質差異大，所以其分類標準恰與分層抽樣相反。如果母體內的個體性質分布不均勻時，且具有組織化、集群化的現象時，使用集群抽樣較理想。

 例題 2.4

　　某高中一年級新生依常態編班成 30 班，每班 50 人，今欲從一年級新生抽出 100 人以了解身高情況，應如何進行抽樣？

解

　　在常態編班下此 30 班的同質性高，每個班如同所有新生的縮影，故可利用集群抽樣抽出其中兩個班，再對這兩個班的所有同學（合計 100 人）作全面的調查。

　　以上所述四種抽樣方法各有其適用特性，但有時母體十分龐大時為增加樣本的代表性，可以將上述四種方法混合使用。

 ## 2-5　非隨機抽樣

　　非隨機抽樣又稱**非機率抽樣**(Nonprobability Sampling)，凡是抽樣時，母體中的每一個體被抽出的機率為不可知，則稱此種抽樣為**非隨機抽樣**。這類抽樣往往靠著抽樣者個人的方便或判斷來抽取樣本，其方法頗為主觀，因此無法評估所選出的樣本是否具有代表性，也不適合推論統計之用，但在不必或不能實施隨機抽樣時，也會被用到。非隨機抽樣大致可分為**便利抽樣**(Convenience Sampling)與**判斷抽樣**(Judgement Sampling)兩種。

2-5-1　便利抽樣

　　又稱**偶遇抽樣**(Accidental Sampling)，樣本的選擇完全只考慮方便性，例如常見有人在車站作市場調查，受訪者必須是那時剛好經過該地點的人，又如電視節目 call-in 進來的觀眾也算是一種便利抽樣，上述兩例可發現我們根本無法評估其抽出樣本是否具有代表性。

2-5-2　判斷抽樣

　　又稱**立意抽樣**(Purposive Sampling)，樣本的選擇完全憑抽樣者的知識或經驗主觀地來取樣，其方法甚為簡單，但要小心人為偏見的發生。例如老師在課堂上想要抽出一位同學回答問題，故意叫某位成績很好的同學來回答，因為老師猜想該同學應回答得出來。

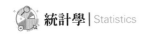

習 題

1. 比較參數與統計量之間的差異。

2. 說明隨機抽樣較適合用來推估母體的理由。

3. 指出下列各個例子分別屬於何種抽樣？

   (1) 汽水工廠在生產線上每隔一段距離即抽出一瓶汽水，檢驗其品質。

   (2) 統一發票利用搖獎機的號碼球開獎。

   (3) 學校指定各班班長代表該班參加師生座談會。

   (4) 從某校所有男性學生與女性學生各依人數比例抽出一定人數，以了解全校學生身高情況。

   (5) 醫生利用自己的門診病人作樣本，觀察某種藥物的療效。

   (6) 生物學家從某地區數十個蜜蜂窩中挑出五個，針對這五個蜜蜂窩的所有蜜蜂作調查，以了解該地區平均每個蜜蜂窩有多少隻蜜蜂。

4. 如果要從你自己的學校抽出 100 位學生，以了解全校學生的體重情況，你會如何進行呢？請敘述詳細的抽樣過程。

5. 請從報紙上剪下一篇有關於抽樣調查的新聞，並發表你對這種抽樣法的認識。

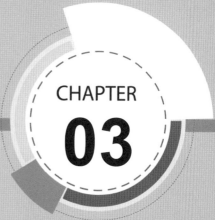

CHAPTER

03

敘述統計（一）
統計表與統計圖

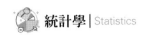

原始資料經過整理成表格，方能顯現資料的特徵與相互之間的關係。若再進一步畫成圖形，更可化繁為簡，易於發現某些現象的分布、趨勢或關連的情況，同時其表現方式生動，極適合展示資料之用。

 3-1 統計表的結構

將分類後的資料按照一定方式製作成表格，稱為**統計表**(Statistical Table)，如表 3-1 所示。統計表的結構主要可分為**標題**(Title)、**標目**(Item)、**表身**(Body)、**線條**(Lines)與**附註**(Footnote)等五項，其中前三項（標題、標目、表身）任何表格均有，後兩項（線條、附註）則視情況可有可無，茲分述如下：

表 3-1 某市近年違建處理表

日期	查報件數	處理件數
104 年	15,102	9,135
105 年	8,261	7,766
106 年	8,765	7,854
107 年	10,682	5,819
108 年	8,558	6,227
109 年	6,603	5,886
110 年*	1,356	937

*110 年目前只有統計 1~4 月的資料。
資料來源：某市政府建設管理處。

1. 標題

　　每個統計表都應有一個標題，標題應放在表格的上方，其文字應力求簡明扼要，且用較大的字體列出，標題的內容應包含**何事**(What)、**何時**(When)、**何地**(Where)等三要素。如表 3-1 所示「表 3-1　某市近年違建處理表」。

2. 標目

　　可分為**橫向**(Row)與**縱向**(Column)的欄目兩類。如表 3-1 所示「日期、104 年、105 年……」等即為橫向的欄目，「查報件數、處理件數」等即為縱向的欄目。

3. 表身

　　即變量的量度結果，大部分用數字表達，有時也會以文字呈現。如表 3-1 所示「15102、8261、8765……」等即為表身。

4. 線條

　　表格的外圍與內部可能會存在若干線條，使得表格看起來整齊美觀，一般說來，外圍的線條通常選用較粗的線，如表 3-1 所示。

5. 附註

　　包括**補充說明**與**資料來源**兩項。有時針對表格內容須多加補充引申者，直接寫在表格內部又怕破壞表格的整齊美觀，此時可將這些補充說明列在附註內。又有時資料並不是自己收集而來，而是來自他處，這時就應該在附註中說明資料來源。一般說來，附註通常列於表格的下方，如表 3-1 所示「*110 年目前只有統計 1~4 月的資料。」、「資料來源：某市政府建設管理處。」等都算是。

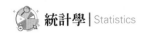

 3-2　統計表的編表原則

　　統計表編製得宜，除可顯現資料的特徵與相互之間的關係外，又可收整齊美觀之效。為了達成上述的目標，在編表時要注意以下原則：

1. 標題應放在表格的上方。

2. 各標目排列的順序可依照字母、筆劃或某種特徵來排列。

3. 需要特別注意的項目可用粗線或其他字體表示。

4. 表格中的數字排列時須注意位數的對齊，如有單位須在標目或附註中註明。

5. 表格中的每一欄位均不可留白，無數字之欄位應以「－」表示，不詳則用文字加註「不詳」或「……」表示。

6. 每一欄位中有相同的文字或數字出現時，不可用「同上」或「〞」表示，而應將相同的文字或數字重新填入。

7. 每一欄位中需要加以補充說明者，可特別編上記號（如星號*或英文小寫字母 a、b、c 等）。

8. 引用他人資料者，應在附註中加以說明資料來源。

9. 附註通常要列於表格的下方。

 3-3　次數分配表

　　最常見的統計表是**次數分配表**(Frequency Distribution Table)，如果是表達以類別或序位尺度量測的變數分布，則將各組的次數統計出來後，分門別類繪製成表即可，如表 3-2 所示：

表 3-2　某校一年級新生血型資料次數分配表

血型	次數
AB	12
A	36
B	64
O	80
總計	192

次數分配表如果是用來表達以等距或等比尺度量測的變數分布，則製表時必須遵循一定的方法，其詳細製表步驟如下：

1. 求全距

製作次數分配表首先要知道**全距**(Range)是多少，所謂全距乃指資料中的最大值與最小值的差，即如下所示：

全距 = 最大值 - 最小值

2. 定組數

組數如果定得太多，在每組的範圍過小的情況下，則無法看出資料的分布狀況；組數如果定得太少，則又過於簡略，在每組的範圍過大的情況下，可能會造成部分訊息的流失，故選擇合適的組數是很重要的。一般說來組數以 5~15 組較為恰當，當樣本數越大時，組數也應該越多。

3. 定組距

組距 = 全距／組數

如同上式所示，組距等於全距除以組數，但往往兩者相除後不見得會得到一個整數，有時甚至會得到無限小數，故為了運算的方便，常會

將組距作適當的調整，其調整原則一般均取稍大的整數且為 1、2、5 或其十的倍數（如 10、20、50……）。

4. 定組限

組限是用來確定每一組的範圍，其中數值較小者稱為下限(Lower Limit)，數值較大者稱為上限(Upper Limit)。定組限時，務必使得最低一組的下限小於資料中的最小值，使得最高一組的上限大於資料中的最大值，如此方能使所有的資料歸類在各組當中。

5. 歸類與畫記

將所有的資料歸類在各組當中，每五個數字以一個「正」表示（這種做法類似在選舉時的開票情況），最後並計算各組的次數，如此則完成一個次數分配表。

 例題 3.1

已知某班 50 位同學的身高如下表所示，試求其身高的次數分配表。

表 3-3　某班學生的身高調查表

座號	身高(cm)	座號	身高(cm)	座號	身高(cm)	座號	身高(cm)	座號	身高(cm)
01	165	11	173	21	165	31	162	41	170
02	160	12	162	22	155	32	157	42	167
03	157	13	158	23	162	33	164	43	158
04	166	14	163	24	164	34	166	44	166
05	163	15	157	25	157	35	159	45	154
06	172	16	174	26	160	36	170	46	161
07	161	17	168	27	165	37	162	47	159
08	164	18	160	28	154	38	161	48	162
09	158	19	166	29	167	39	164	49	163
10	153	20	167	30	163	40	163	50	168

解

(1) 求全距

　　資料中的最大值為 174(cm)，最小值為 153(cm)，故全距為

　　174 – 153 = 21(cm)。

(2) 定組數

　　資料中合計 50 個數據，在數據不多的情況下，組數也不宜過多，故
　　本題組數設定為 5 組。

(3) 定組距

　　組距 = 全距／組數 = 21/5 = 4.4(cm)，為了運算的方便，取比 4.4cm 稍
　　大的數字，且符合 1、2、5 或其十的倍數之要求，故組距設為 5(cm)
　　較為理想。

(4) 定組限

　　資料中的最小值為 153(cm)，故最低一組的下限可設為 150(cm)，如
　　此每一組可分為 150~155、155~160、160~165、165~170 與 170~175
　　等五組。讀者可能會注意到 155 同時在第一組的上限與第二組的下限
　　中出現，該如何是好？這時一般採各組不含上限的做法，也就是身高
　　155(cm)要歸類在第二組(155~160)內。

(5) 歸類與畫記

　　經過歸類與畫記後，完成的次數分配表如下所示：

表 3-4　某班同學身高的次數分配表

身高(cm)	次數
150~155	3
155~160	10
160~165	20
165~170	12
170~175	5
總計	50

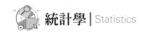

　　有時為了想要了解觀測值＜某一特殊數值的次數，則可利用**累積次**
數分配表(Cumulative Frequency Distribution Table)，根據表 3-4 的資料，
經計算各組上限以下的次數後，可得如下的累積次數分配表：

表 3-5　某班同學身高的累積次數分配表

身高(cm)	次數	累積次數
150~155	3	3
155~160	10	13
160~165	20	33
165~170	12	45
170~175	5	50
總計	50	－

　　利用表 3-5 可一看即知該班同學身高＜165(cm)的人數為 33 人。

 3-4　統計圖的結構

　　統計圖(Statistical Chart)乃是以圖形來表示資料的分布狀況，其結構
主要可分為**標題**(Title)、**圖身**(body)、**圖例**(Legend)與**附註**(Footnote)等四
項，其中前兩項（標題、圖身）任何圖形均有，後兩項（圖例、附註）
則視情況可有可無。茲分述如下：

1. 標題

　　每個統計圖都應有一個標題，標題應放在圖形的上方，但在書籍或
論文中，標題則放在圖形的下方，其文字應力求簡明扼要，且用較大的
字體列出，標題的內容應包含**何事**(What)、**何時**(When)、**何地**(Where)等
三要素。如圖 3-1 所示「圖 3-1　某市 105~110 年違建處理圖」。

2. 圖身

圖身為統計圖中最重要的一部分，它又可包括下列三項：

(1) 圖示線(Curve)

表示資料分布的線條，此線為整個圖形的重心，故應以最粗的線表示，如圖 3-1 所示。

(2) 圖框(Frame)

為圖形的邊線，有時亦可省略。

(3) 座標(Coordination)

一般由橫軸與縱軸所構成，在軸上標有尺度，其起點不一定要從原點 0 開始，但要加上「破格號⌇」表示。

3. 圖例

一般當圖中至少存在兩條線條時，為了說明這些線條的意義，就必須使用到圖例，如圖 3-1 所示「◆查報件數--●--處理件數」。

4. 附註

包括補充說明與資料來源兩項。有時針對圖形內容須多加補充引申者，此時可將這些補充說明列在附註內。又有時資料並不是自己收集而來，而是來自他處，這時就應該在附註中說明資料來源。一般說來，附註通常列於圖形的下方，如圖 3-1 所示「資料來源：某市政府建設管理處。」。

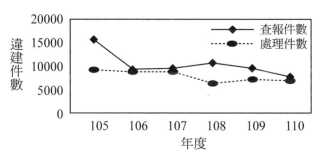

圖 3-1　某市 105~110 年違建處理圖
資料來源：某市政府建設管理處。

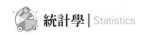

 3-5　統計圖作圖原則

1. 圖形要讓人一看就覺得簡單明瞭，要達到這個目的，就要避免過多的符號與線條。

2. 圖形要具有自我解釋的功能，純粹看圖，就能明白中心概念。

3. 文字的書寫應由左而右、由上而下。

4. 座標起點不一定要從原點 0 開始，但要加上「破格號」表示。另外要記得附上單位。

5. 圖示線為整個圖形的重心，故應以最粗的線表示。

6. 標題應放在圖形的上方，但在書籍或論文中，標題則放在圖形的下方。

7. 附註通常列於圖形的下方。

 3-6　統計圖的種類

以下將介紹幾種常見的統計圖。

3-6-1　長條圖(Bar Chart)

長條圖適合呈現以類別或序位尺度量測的變數分布，以等寬且分開的平行長條代表資料，其中每一長條的長度代表該組資料的次數，圖3-2 乃根據表 3-2 的資料所繪製的長條圖。

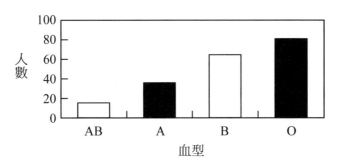

圖 3-2　某校一年級新生血型資料長條圖

3-6-2　圓形圖(Pie Chart)

　　圓形圖適合呈現以類別尺度量測的變數分布，特別是要表達資料中各個類別所占的比例時，使用圓形圖最為方便。此時各個類別所占的面積比等於該類別占全部資料的百分比。圖 3-3 乃根據表 3-2 的資料所繪製的圓形圖。

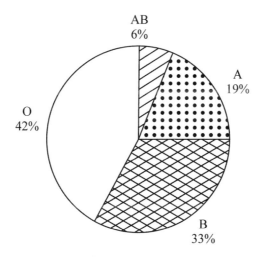

圖 3-3　某校一年級新生血型資料圓形圖

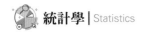

3-6-3 直方圖(Histogram)

直方圖為一種最常見的統計圖，適合呈現以等距或等比尺度量測的變數分布，以等寬且相連的平行長條代表資料，其中每一長條的長度代表該組資料的次數，圖 3-4 乃根據表 3-4 的次數分配表所繪製的直方圖。

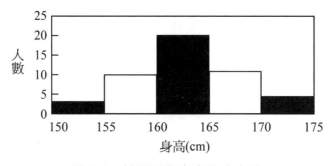

圖 3-4 某班同學身高的直方圖

3-6-4 次數多邊圖(Frequency Polygon)

次數多邊圖乃從直方圖演變而來，適合呈現以等距或等比尺度量測的變數分布。其製圖過程則是將直方圖中各組的中點（稱為組中點）依序連接起來，即成一次數多邊圖，但要注意次數多邊圖為一兩端封閉的圖形，為了達到此一目的，我們刻意將直方圖中左右兩端各多取一組，且設定這兩組的次數為零，圖 3-5 乃根據表 3-4 的資料與圖 3-4 的直方圖所繪製的次數多邊圖。另外當各組的組距越來越小時，此時的圖形會近似一條曲線，這樣的圖形稱為次數分布曲線圖(Frequency Distribution Curve)，如圖 4-1、4-2 與圖 4-3。

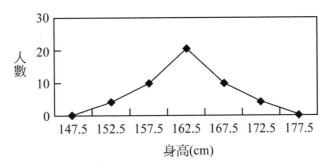

圖 3-5　某班同學身高的次數多邊圖

3-6-5　累積次數多邊圖(Cumulative Frequency Polygon)

　　又稱**肩形圖**(Ogive Chart)，累積次數多邊圖的資料乃從累積次數分配表而來，適合呈現以等距或等比尺度量測的變數分布，尤其可以了解觀測值＜某一特殊數值的次數分布。其從座標為各組上限的以下累積次數，但要注意此圖的起點次數從零開始。圖 3-6 乃根據表 3-5 的資料所繪製的累積次數多邊圖。

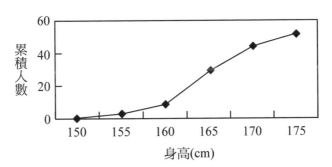

圖 3-6　某班同學身高的累積次數多邊圖

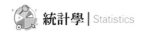

 習 題

1. 下表為某班級全班 30 位同學的性別與體重的調查表，根據此表完成下列事項：

   (1) 全班性別的次數分配表。

   (2) 全班性別的長條圖。

   (3) 全班性別的圓形圖。

   (4) 全班體重的次數分配表。

   (5) 全班體重的累積次數分配表。

   (6) 全班體重的直方圖。

   (7) 全班體重的次數多邊圖。

   (8) 全班體重的累積次數多邊圖。

座號	性別	體重(kg)	座號	性別	體重(kg)	座號	性別	體重(kg)
1	男	70	11	女	70	21	男	57
2	女	58	12	女	51	22	女	52
3	女	60	13	男	75	23	男	67
4	男	68	14	女	58	24	女	50
5	女	52	15	男	64	25	女	46
6	女	50	16	女	61	26	女	49
7	女	48	17	女	53	27	男	83
8	女	62	18	女	52	28	女	51
9	男	63	19	女	59	29	女	48
10	女	59	20	女	49	30	男	69

2. 請由報章雜誌收集統計表與統計圖各一個，並根據製表與製圖的原則說明此表與此圖的優劣！

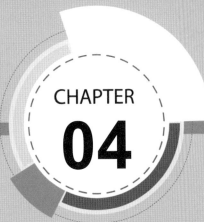

CHAPTER

04

敘述統計（二）
集中量數與離散量數

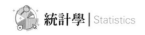

4-1　概　說

　　假設你是一位不會游泳但是身高為 200cm 的長人，走到一條大河邊，你想越過河到對岸，但附近無任何交通工具，這時只見岸邊豎立一個告示牌，其上寫著本區域河水平均深度 50cm 且河床堅固，在你心中是否會興起徒步涉水渡河的想法呢？

　　如果你以為徒步涉水渡河的安全性是萬無一失，那就錯了。河水平均深度 50cm 只是一種**集中量數**(Measures of Central Tendency)的表示，它代表資料（河水深度）的集中趨勢，並不意味河水深度從頭到尾都一定都是 50cm。若想要了解河水深度的變化，就需要使用另一種所謂的離散量數(Measures of Dispersion)，這是用來表達資料（河水深度）的離散趨勢。

4-2　集中量數

　　在一般情況下，統計經常以一個簡單的數量（集中量數）來充分代表整個資料的集中趨勢，作為統計分析的衡量標準。例如有人想要了解全班的體重情況，你一定會以全班的平均體重來回答，這種平均數的概念本身就屬於一種集中量數。常見的集中量數有**算術平均數**(Arithmetic Mean)、**加權平均數**(Weighted Mean)、**中位數**(Median)與**眾數**(Mode)等四種，其中「算術平均數」與「加權平均數」適合處理等距與等比尺度所測量的變數，「中位數」適合處理序位、等距與等比尺度所測量的變數，「眾數」適合處理類別、序位、等距與等比尺度所測量的變數。

4-2-1　算術平均數

　　算術平均數簡稱**平均數**(Mean)，是最常見的一種集中量數。其求法就是將各項數值的總和除以其個數所得的商，即是算術平均數。算術平均數可視為所有觀察值的平衡點，由於它考慮到所有的觀測值的大小，因此易受到資料中的極值之影響。我們常以 $\bar{x}$（讀作 x bar）表示樣本平均數，以 μ（讀作 mu）表示母體平均數，其計算方法說明如下：

$$樣本平均數\ \bar{x} = \frac{\sum_{i=1}^{n} x_i}{n} = \frac{x_1 + x_2 + \cdots\cdots + x_n}{n} \quad （n\ 為樣本數）$$

$$母體平均數\ \mu = \frac{\sum_{i=1}^{N} x_i}{N} = \frac{x_1 + x_2 + \cdots\cdots + x_N}{N} \quad （N\ 為母體內個體總數）$$

 例題 4.1

　　某公司計有主管一人，員工五人，今已知他們的月薪如下：主管為 110,000 元、員工甲為 30,000 元、員工乙為 35,000 元、員工丙為 25,000 元、員工丁為 40,000 元、員工戊為 30,000 元，則
(1) 員工的平均月薪為多少？
(2) 公司所有人員的平均月薪為多少？

解

(1)員工的平均月薪
　　＝(30,000+35,000+25,000+40,000+30,000)/5
　　＝32,000（元）

(2)公司所有人員的平均月薪
　　＝(110,000+30,000+35,000+25,000+40,000+30,000)/6
　　＝45,000（元）

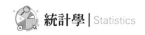

讀者是否能藉由例題 4.1 中兩小題的比較，而發現算術平均數易受到資料中的極值之影響的意義呢？

4-2-2　加權平均數

所謂加權平均數，就是將各項數值乘以其所對應的**權數**(Weighted Number)，然後把各項乘積的總和除以總權數所得之商即是加權平均數。若各個數值的重要性相等，則此時加權平均數恰等於算術平均數。但若各個數值有其重要性區分，則為了有正確的衡量標準，加權平均數為最合適的計算方法。其計算方法說明如下：

$$\text{加權平均數 } \overline{x}_w = \frac{\sum_{i=1}^{n} x_i w_i}{\sum_{i=1}^{n} w_i} = \frac{x_1 w_1 + x_2 w_2 + \cdots\cdots + x_n w_n}{w_1 + w_2 + \cdots\cdots + w_n} \quad (w \text{ 為權數})$$

 例題 4.2

　某位同學的各科學期成績如下：國文 80 分、英文 50 分、數學 60 分、統計 55 分、計概 75 分，若各科的學分數依序為 4、4、4、3、2，則該同學的學期平均成績為多少？

解

因為各科所占的權數（學分數）不同，故必須使用加權平均數計算學期平均成績。在這個例子中，總權數（總學分數）為 $4 + 4 + 4 + 3 + 2 = 17$，故學期平均成績

$$\overline{x}_w = \frac{80 \times 4 + 50 \times 4 + 60 \times 4 + 55 \times 3 + 75 \times 2}{17} \doteqdot 63.2 \text{（分）}$$

4-2-3 中位數

中位數常以符號 Me（或 Md）表示。其意義是將各數值依照大小順序排列後，位置居最中間的數值。若數值個數(n)為奇數，則中位數為資料經排序後的正中央的數值；若數值個數為偶數，則中位數為資料經排序後的正中央的兩數之平均值。中位數位居排序後的資料之中央，因此不易受到資料中的極值之影響。其計算方法說明如下：

1. n 為奇數時，中位數為資料經排序後的第$(n+1)/2$ 個數值。

2. n 為偶數時，中位數為資料經排序後的第 $n/2$ 與第$(n/2)+1$ 個數值的平均。

例題 4.3

下列兩組資料的平均數與中位數各是多少？

(1) 資料 A：32、10、6、29、20、18、25、16、22。

(2) 資料 B：32、10、6、29、20、18、25、16、22、500。

(1)資料 A 的平均數為

$$\frac{32 + 10 + 6 + 29 + 20 + 18 + 25 + 16 + 22}{9} \fallingdotseq 19.8$$

排序後結果如下：6、10、16、18、20、22、25、29、32。

故中位數為第$(9+1)/2=5$ 個數值，也就是 20。

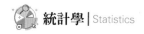

(2)資料 B 的平均數為

$$\frac{32 + 10 + 6 + 29 + 20 + 18 + 25 + 16 + 22 + 500}{10} = 67.8$$

排序後結果如下：6、10、16、18、20、22、25、29、32、500。

故中位數為第 10/2=5 與第(10/2)+1=6 個數值的平均，也就是 20 與 22 的平均值 21 即為中位數。

讀者是否能藉由例題 4.3 中兩小題的比較，而發現算術平均數易受到資料中的極值之影響，而中位數不易受到資料中的極值之影響的意義呢？

4-2-4 眾數

眾數常以符號 Mo 表示。其意義是指資料中出現次數最多的數值，在次數分布曲線圖中的最高峰所指的數值即為眾數。若資料中每個數值出現次數都一樣，則此資料將無眾數；若資料中出現次數最多的數值不止一個，則眾數也將不止一個，另外眾數也不易受到資料中的極值之影響。找尋眾數時，最好類似在求中位數的做法，先將各數值依照大小順序排列後，此時眾數較易被找出來。

 例題 4.4

下列兩組資料的眾數各是多少？

(1) 資料 A：18、10、5、2、3、1、24、16、9、10、12、7、17、10、1、6。

(2) 資料 B：2、18、1、16、2、1、18、4、16、22、3、9、12、3、18、2。

解

(1)資料 A 排序後結果如下：

1、1、2、3、5、6、7、9、10、10、10、12、16、17、18、24。

故資料 A 之眾數為 10。

(2)資料 B 排序後結果如下：

1、1、2、2、2、3、3、4、9、12、16、16、18、18、18、22。

故資料 B 之眾數為 2 與 18。

以次數分布曲線圖來觀察平均數、中位數與眾數三者之間的關係，
會發現如下關係：

1. **資料成對稱分布**(Symmetric Distribution)時，平均數、中位數與眾數
   三者相同。如圖 4-1 所示：

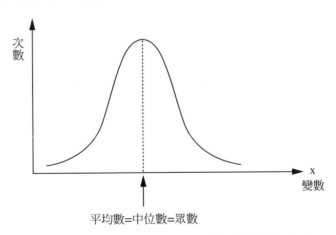

圖 4-1　集中量數在對稱分布的資料中的位置

2. 資料成左偏（或稱負偏）分布(Left-Skewed Distribution)時，此時眾數
   ＞中位數＞平均數。如圖 4-2 所示：

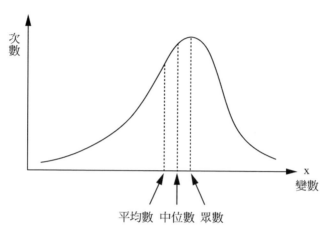

圖 4-2 集中量數在左偏分布的資料中的位置

3. 資料成右偏（或稱正偏）分布(Right-Skewed Distribution)時，此時平
   均數＞中位數＞眾數。如圖 4-3 所示：

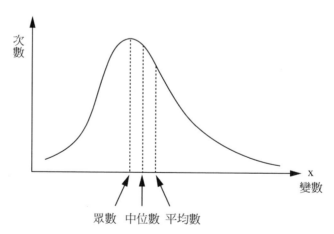

圖 4-3 集中量數在右偏分布的資料中的位置

4-3　離散量數

在一般情況下，統計經常以一個簡單的數量（離散量數）來充分代表整個資料的「離中央趨勢」（即離散趨勢），作為統計分析的衡量標準。離散量數一般都具有一個相同的特性，即當離散量數越大時，就代表資料越分散，此時集中量數的代表性就相對降低；當離散量數越小時，就代表資料越集中，此時集中量數的代表性就相對提高。常見的離散量數有**全距** (Range)、**四分位差** (Quartile Deviation)、**變異數** (Variance)、**標準差** (Standard Deviation) 與**變異係數** (Coefficient of Variation)等五種。

4-3-1　全距

全距常以符號 R 表示。其意義是指資料中的最大值與最小值之差，如下式所示：

$$全距＝最大值－最小值$$

全距為衡量資料離散趨勢最容易的方法，但是全距只考慮到眾多數值當中的兩個極端值（最大值與最小值），而忽略了資料中其他絕大多數的數值之變動情況，因此全距只能用來粗略衡量資料的離散趨勢，同時全距易受到資料中的極值之影響。

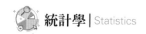

 例題 4.5

下列兩組資料的全距各是多少？

(1) 資料 A：32、10、6、29、20、18、25、16、22。

(2) 資料 B：32、10、6、29、20、18、25、16、22、500。

 解

(1)資料 A 排序後結果如下：

6、10、16、18、20、22、25、29、32。

故資料 A 的全距＝最大值－最小值＝32–6=26。

(2)資料 B 排序後結果如下：

6、10、16、18、20、22、25、29、32、500。

故資料 B 的全距＝最大值－最小值＝500–6=494。

讀者是否能藉由例題 4.5 中兩小題的比較，而發現全距易受到資料中的極值之影響。

4-3-2　四分位差

將資料按照大小順序排列，然後均分成四等分，可以得到三個分割點，分別以 Q_1、Q_2 與 Q_3 表示，其中 Q_1 叫做第一個四分位，Q_2 叫做第二個四分位，Q_3 叫做第三個四分位，如圖 4-4 所示，其中 Q_2 剛好也是中位數。

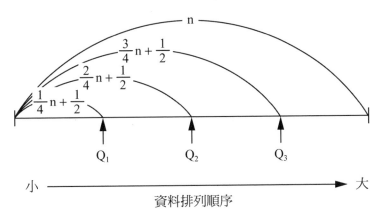

圖 4-4　四分位數在資料中的分布情況

　　至於四分位差一般以 Q.D.表示，其定義為 Q_1 與 Q_3 之差的一半，以符號表示如下：

$$四分位差 \text{ Q.D.} = \frac{(Q_3 - Q_1)}{2}$$

　　四分位差所代表的意義乃指排序後的資料中間一半的離散情況，雖然它忽略了左、右兩端的資料，但也因為如此，當資料中出現不正常的極值時，四分位差也較不易受到影響。

 例題 4.6

　　求下列資料：32, 61, 24, 16, 57, 28 的四分位差？

　　先將資料由小排到大：16, 24, 28, 32, 57, 61

　　Q_1 的項數 $= \dfrac{n}{4} + \dfrac{1}{2} = \dfrac{6}{4} + \dfrac{1}{2} = 2$，故 $Q_1 = 24$

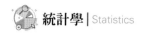

Q_3 的項數 $= \dfrac{3}{4} n + \dfrac{1}{2} = \dfrac{3}{4} \times 6 + \dfrac{1}{2} = 5$ ，故 $Q_3 = 57$

所以四分位差 Q.D. $= \dfrac{1}{2}(Q_3 - Q_1) = \dfrac{1}{2}(57 - 24) = 16.5$

 例題 4.7

求下列資料：32, 61, 24, 16, 57, 28, 80 的四分位差？

 解

先將資料由小排到大：16, 24, 28, 32, 57, 61, 80

Q_1 的項數 $= \dfrac{n}{4} + \dfrac{1}{2} = \dfrac{7}{4} + \dfrac{1}{2} = 2.25$

故使用內插法求得 $Q_1 = 24 + 0.25(28 - 24) = 25$

Q_3 的項數 $= \dfrac{3}{4} n + \dfrac{1}{2} = \dfrac{3}{4} \times 7 + \dfrac{1}{2} = 5.75$

故使用內插法求得 $Q_3 = 57 + 0.75(61 - 57) = 60$

所以四分位差 Q.D. $= \dfrac{1}{2}(Q_3 - Q_1) = \dfrac{1}{2}(60 - 25) = 17.5$

4-3-3 變異數

計算變異數之前必須先求得**離均差**(Deviation)，所謂離均差指的是某數值與其平均值之差，而變異數的定義指的是資料中所有數值的離均差平方和的平均。根據上述定義，在此特別整理樣本變異數與母體變異數的計算公式，其說明如下：

設樣本有 n 個數值 $x_1, x_2, x_3, \cdots, x_n$，樣本平均數為 $\overline{x}$，則

$$
\text{樣本變異數 } S^2 = \frac{\displaystyle\sum_{i=1}^{n}(x_i - \overline{x})^2}{n-1}
$$
$$
= \frac{(x_1 - \overline{x})^2 + (x_2 - \overline{x})^2 + \cdots\cdots + (x_n - \overline{x})^2}{n-1}
$$

設母體有 N 個數值 $x_1, x_2, x_3, \cdots\cdots, x_N$，母體平均數為 μ，則

$$
\text{母體變異數 } \sigma^2 = \frac{\displaystyle\sum_{i=1}^{N}(x_i - \mu)^2}{N}
$$
$$
= \frac{(x_1 - \mu)^2 + (x_2 - \mu)^2 + \cdots\cdots + (x_N - \mu)^2}{N}
$$

　　比較以上二式，可發現樣本變異數與母體變異數的計算差異，在於樣本變異數計算公式的分母是 $n-1$，而母體變異數計算公式的分母是 N，為何樣本變異數計算公式的分母不是 n 呢？這是一種由樣本變異數去估計母體變異數所做的修正程序，因為根據經驗，除以 $n-1$ 會使得樣本變異數較之除以 n 稍微提高，而更能準確估計母體變異數，此時經過修正的樣本變異數稱為母體變異數的不偏估計值，所謂「不偏」指的是用它估計母體變異數時不會偏低。

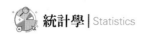

 例題 4.8

　　從某班 50 人中抽出 10 人，以了解全班在期中考的統計學成績的離散狀況，已知這 10 人的統計學成績為：75、63、50、86、54、62、88、65、73、74，求其變異數？

樣本平均數 $\overline{x} = \dfrac{75+63+50+86+54+62+88+65+73+74}{10} = 69$（分）

故樣本變異數 $S^2 = \dfrac{(75-69)^2+(63-69)^2+(50-69)^2+\cdots\cdots+(74-69)^2}{10-1}$

$\fallingdotseq 157.1$（分^2）

4-3-4　標準差

標準差為變異數的平方根，其計算公式如下所示：

設樣本有 n 個數值 $x_1, x_2, x_3, \cdots, x_n$，樣本平均數為 $\overline{x}$，則

$$樣本標準差\ S = \sqrt{S^2} = \sqrt{\frac{\displaystyle\sum_{i=1}^{n}(x_i - \overline{x})^2}{n-1}}$$

設母體有 N 個數值 $x_1, x_2, x_3, \cdots, x_n$，母體平均數為 μ，則

$$母體標準差\ \sigma = \sqrt{\sigma^2} = \sqrt{\frac{\displaystyle\sum_{i=1}^{N}(x_i - \overline{\mu})^2}{N}}$$

例題 4.9

從某班 50 人中抽出 10 人，以了解全班在期中考的統計學成績的離散狀況，已知這 10 人的統計學成績為：75、63、50、86、54、62、88、65、73、74，求其標準差？

 解

因為樣本變異數 S^2=157.1（分）

所以樣本標準差 $S=\sqrt{S^2}=\sqrt{157.1}\fallingdotseq 12.5$（分）

4-3-5 變異係數

變異係數適合用來比較不同組的資料之間的離散程度，尤其當這些組的平均數或單位不同時，使用變異係數更為恰當，這是因為變異係數是一種**相對離散量數**(Measures of Relative Dispersion)之故。變異係數常以符號 C.V.表示，其定義指的是標準差與平均數的比值，並以百分比表示：

$$樣本的變異係數\ C.V._{樣本}=\frac{S}{\bar{x}}\times100\%$$

或

$$母體的變異係數\ C.V._{母體}=\frac{\sigma}{\mu}\times100\%$$

變異係數本身是一種相對的比值，因此它並沒有單位，變異係數大者，資料的離散程度也越大。

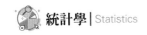

 例題 4.10

已知某班級全部同學身高平均數 $\mu_1 = 160(cm)$，身高標準差 $\sigma_1 = 10(cm)$；體重平均數 $\mu_2 = 55(kg)$，體重標準差 $\sigma_2 = 4(kg)$，則該班身高或體重的分布何者變異大？

 解

因為身高與體重的單位不同，所以必須用變異係數來比較兩者的變異情況。

$$身高的變異係數 = C.V._{身高} = \frac{\sigma_1}{\mu_1} \times 100\% = \frac{10}{160} \times 100\% \fallingdotseq 6.3\%$$

$$體重的變異係數 = C.V._{體重} = \frac{\sigma_2}{\mu_2} \times 100\% = \frac{4}{55} \times 100\% \fallingdotseq 7.3\%$$

因 $C.V._{體重} > C.V._{身高}$，所以體重的分布變異較大。

例題 4.11

某銀行主管欲了解甲、乙兩家分行的服務品質，其中一項參考指標為顧客等候時間，今在一個星期內隨機抽取兩家分行各 100 名顧客，發現甲分行的顧客等候時間的平均數 $\bar{x}_甲$ 為 15 分鐘，標準差 $S_甲$ 為 2 分鐘，而乙分行的顧客等候時間的平均數 $\bar{x}_乙$ 為 14 分鐘，標準差 $S_乙$ 為 3 分鐘，請單就顧客等候時間來判斷兩家分行的服務品質。

解

　　雖然乙分行的顧客等候時間的平均數較甲分行來得小，表面上似乎乙分行的服務品質較佳，但基於下列兩個原因，我們認為是甲分行的服務品質較佳。

原因 1： 甲、乙兩家分行的顧客等候時間的平均數相差無幾
　　　　　（ $\bar{x}_{甲}$ =15， $\bar{x}_{乙}$ =14）

原因 2： 甲、乙兩家分行的顧客等候時間的變異係數相差甚大
　　　　　（ C.V.$_{甲}$ =13.3%，C.V.$_{乙}$ =24.3% ）。

　　品質管制中不僅強調優良的平均品質水準，更重視的是品質非常一致，所以在甲、乙兩家分行的顧客等候時間的平均數相差無幾的情況下，此時顧客等候時間的一致性就顯得格外重要，因為甲分行的變異係數遠小於乙分行，代表甲分行的顧客等候時間的變異較小，也就是甲分行的顧客等候時間較為一致，所以甲分行的服務品質較佳。

　　由全距來判斷資料的離散情況，容易失真，因為全距只考慮到資料中的最大值與最小值，卻忽略了資料中其他占絕大多數的數據；而由四分位差來判別資料的離散情況，雖較全距的使用來得好，但四分位差僅考慮到由小到大排列的資料之中間一半的分散情況，而忽略了資料中其他數據，仍不是最佳的選擇；變異數在計算的過程中考慮到資料中的每一個數據，故最適合用來判別資料的離散情況，同時也是最常見的離散量數，但是變異數的單位為原始資料的單位之平方，在使用上較為不便，故一般均使用標準差來代替變異數判別資料的離散趨勢。

習題

1. 請簡述何謂統計學？有哪些抽樣方法可供使用，請簡述之。

2. 如果資料中存在一個極大值，則哪一個集中量數（平均數、中位數與眾數三者之一）會受到最大的影響？又哪一個離散量數（全距、四分位差、變異數與標準差四者之一）會受到最大的影響？

3. 從某班 50 人中抽出 10 人，以了解全班年齡的分布狀況，已知這 10 人的年齡為：18、22、20、19、21、20、18、23、19、20，求：

   (1)平均數(2)中位數(3)眾數(4)全距(5)四分位差(6)變異數(7)標準差。

4. 若資料為 2、1、3、0、1、4、2、1、2、0；求中位數、眾數、平均數、全距、四分位差、標準差及變異係數，並根據您所求的這些數值分析這組資料的性質，並提出您的看法。

5. 請求下列數據的全距、眾數、中位數、四分位差、平均數與標準差：0、2、5、3、2、4、0、3、0、1 並分別依所求的統計結果做出資料分析與結論。

   註：變異係數超過規定標準，就可以視為資料取樣有不合理之處。

6. 請求下列數據的全距、眾數、中位數、四分位差、平均數與標準差：2、1、3、0、4、2、1、3 並分別依所求的統計結果做出資料分析與結論。

   註：變異係數超過規定標準，就可以視為資料取樣有不合理之處。

7. 請求下列數據的全距、眾數、中位數、四分位差、平均數與標準差：20、18、22、21、20、21 並分別依所求的統計結果做出資料分析與結論。

   註：變異係數超過規定標準，就可以視為資料取樣有不合理之處。

8. 請求下列數據的全距、眾數、中位數、四分位差、平均數與變異數：
   3.2、4.3、2.1、2.8、3.2、3.6、4.0、3.8。

9. 以下為一個經過分組過的統計資料；試計算平均數與標準差。

組　　界	次　　數
1.4 ～ 1.8	1
1.9 ～ 2.3	2
2.4 ～ 2.8	3
2.9 ～ 3.3	13
3.4 ～ 3.8	11
3.9 ～ 4.3	6
4.4 ～ 4.8	4

10. 已知某位同學的各科學習成績如下：國文 70 分、英文 90 分、數學 60 分、統計 75 分、計概 ? 分，若各科的學分數依序為 4、4、4、2、2，且該同學的學期平均成績為 72 分，則該同學的計概學期成績為多少？

11. 已知誠、正、勤、僕四班的統計學期中考成績之平均數分別為 79、62、75、67，標準差分別為 3.7、3.0、3.6、3.4，則哪一班的統計學期中考成績離散程度最大？

12. 母體變異數與樣本變異數有何不同？

13. 請舉出至少一個日常生活中使用加權平均數的例子！

【學期成績的例子除外】

14. 請就您所學過的知識，盡可能寫出所知的統計量或統計方法或統計常識。

MEMO :

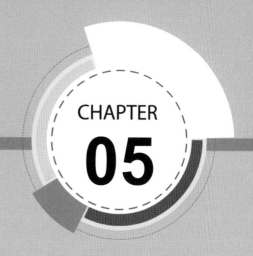

CHAPTER

05

基本機率

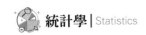

 5-1　機率概說

我們現在討論統計學的另一個層面，也就是計算某事可能發生的機率。

本章將介紹機率的基本名詞，諸如實驗、事件、加法、乘法原理等術語。

5-1-1　何謂機率？

我們很熟機率、機會與可能性等名詞，這些字通常互相交換地使用著。如氣象播報員宣稱在棒球賽開打日有 70%的機會下雨；彩券中獎之機率是 0.00003；抽撲克牌抽出 Q 的機率是 $\frac{4}{52}$；大學錄取率 63%等。那何謂機率？一般說來，就是某事發生的機會。顧名思義，機會＝$\frac{預期可能發生的數目}{全部可能的總數}$，換言之，一副撲克牌，共有 4 種花色，每種花色 13 張，共 52 張牌，所以我們說由一副撲克牌中抽到「Q」的機率是 $\frac{有4種花色各有一張Q}{共52張牌} = \frac{4}{52}$

1. **機率**(probability)描述某事件發生的相對可能（機會）的值，介於 0 與 1 之間，包括 0 與 1。在機率的研究中使用的三個重要的字：**實驗** (experiment)、**結果**(outcome)與**事件**(event)。這些術語在日常語言中都會使用，但在統計學中有其特殊的意義。

2. **實驗**(experiment)在數個可能的觀察值中一個（且只有一個）出現的過程。在提及機率時，實驗有 2 個或 2 個以上的可能結果，而且不確定哪個會發生。

3. **結果**(outcome)一項實驗的特定結果。例如，擲硬幣便是一項實驗。我們可以觀察硬幣的投擲，但不知道結果是正面（頭）還是反面

（尾）。同樣地，問 1,500 名大學生他們是否會以特定的價格購買宏碁的 Notebook 電腦也是一項實驗。在擲硬幣實驗中，一個特定的結果為正面，另一個結果則為反面。在電腦購買實驗中，一個可能的結果是 773 名學生表示他們會買這部電腦，另一個結果是 617 個學生會買電腦，還有另一個結果是 623 名學生表示他們願意購買。當觀察到一個或一個以上實驗的結果時，我們稱這個結果為一個事件。

4. **事件**(event)是一個實驗中出現的一個或一個以上結果的集合。以下有一些例子可說明實驗、結果與事件的定義。

在擲骰子實驗中有 6 個可能結果，但有許多可能事件，當計算 500 大公司董事會成員大於 60 歲的人數時，可能結果的人數可以介於 0 至成員總數之間，此實驗的可能事件甚至還更多。

機率是可以小數點來表示，例如 0.70、0.25 或 0.50；也可以用分數表示，如 7/10、25/100 或 1/2。機率可以是 0 到 1 之間的任何數字，包括 0 與 1。如果某電子公司只有 5 個分公司，將每個分公司的名稱或數字寫在小紙條上，將紙條投入帽子中，那麼抽中這 5 個分公司之中一個的機率為 1，在帽中抽到上面寫著「中國石油」的紙條的機率為 0，亦即機率為 1 代表某事確定會發生，機率為 0 代表某事不可能發生。

機率越接近 0，就越不可能發生；機率越接近 1，就越有可能發生。

 ## 5-2　機率的方法

我們將討論兩種機率方法，即分為(1)古典機率與(2)經驗機率。**古典機率**(classical probability)係假定隨機實驗中各種可能的結果出現的機率完全相同。根據古典機率觀點，事件發生的機率等於合乎事件條件的結果數目除以所有可能結果總數。

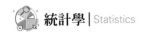

這個定義是不是很熟悉呢？是的！這正是「機率」最原始的定義；現在我們正式定義：**古典機率**。

$$某事件發生機率 = \frac{合乎事件條件的結果數目}{所有可能結果總數}$$ [式 5-1]

 例題 5.1

例如，投擲一 6 面骰子的實驗，「出現偶數點」事件的機率為何？

 解

可能的結果為：

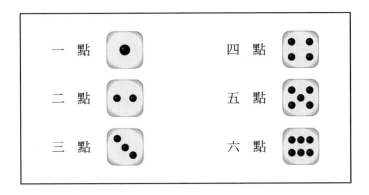

在 6 個機率結果相等的集合中，有三個合乎條件的結果（2、4、6 點），所以：

$$出現偶數點的機率 = \frac{3}{6} \longleftarrow \boxed{合乎條件的結果數目}$$

$$= 0.5 \longleftarrow \boxed{所有可能的結果總數}$$

如果數個事件中一次只可能發生一個事件，我們稱這些事件為互斥。

1. **互斥**(mutually exclusive)：任何一事件的發生代表同一時間其他事件不可能發生。例如在擲骰子實驗中，「偶數」事件與「奇數」事件便為互斥，如果奇數事件發生，就不可能同時發生偶數事件。

2. **周延**(collectively exhaustive)：在實驗進行中至少有一個事件會發生，例如在擲骰子實驗中，所有結果不是奇數就是偶數，所以事件組合便是周延。

　　如果事件組合為周延且各個事件互斥，其事件發生機率的總和即為1，在擲幣實驗中：

事件	機率
事件：頭	0.5
事件：尾	0.5
總數	1.0

　　為了應用古典機率方法，每事件的發生機率必須相等，而且事件組合必須互斥又周延。

　　古典機率方法在 17、18 世紀發展，並應用於機率遊戲，例如紙牌與骰子。在使用古典方法時，不一定要從事實驗，以決定事件發生機率，例如我們可以推論知道擲硬幣一次得到反面或擲硬幣三次得到三次正面的機率；如果你居住地區有一百萬人，而有 3 千個人會接受所得稽核，我們不必進行實驗也可以知道你的所得被稽核的機率。假設每個人接受稽核的機會皆相等，你被稽核的機率便為 0.003（由 3,000/1,000,000 算出），被稽核的機會顯然很小。

　　另一個定義機率的方法是經驗機率，亦即事件發生的機率終究是由類似事件過去發生的次數來決定，這樣的機率，稱為經驗機率。以公式表示如下：

$$事件發生的機率 = \frac{過去事件發生次數}{總觀察次數} \qquad \text{[式 5-2]}$$

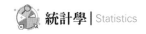
 例題 5.2

一份針對某大學 800 名企管畢業生的研究指出，800 名學生中有 377 名目前從事的工作領域並非在學校的主修。例如，某主修企管的學生目前是公司的總機。試求任一企管畢業生從事非主修科目及領域工作之機率。

 解

$$事件發生的機率 = \frac{過去事件發生次數}{總觀察次數}$$

$$P(A) = \frac{377}{800} = 0.47125$$

為了簡化，可以使用字母或數字，P 代表機率。本例中 P(A)代表畢業生並未從事主修科目領域工作的機率。

因為在非主修科目領域工作的機率為 $\frac{377}{800}$，我們可以使用此數值做為機率的估計。換句話說，根據過去的實驗，企管畢業生從事非主修領域工作的機率是 0.47125。

 ## 5-3　機率法則

我們已經定義了機率並描述不同的機率方法。接下來的重點討論利用加法與乘法原理合併事件。

5-3-1 加法原理(Rules of Addition)

特殊加法原理(special rule of addition)為了應用特殊加法原理，事件必須為互斥。所謂互斥，係指當一事件發生時，其他事件不可能同時發生。互斥事件的例子為擲骰子實驗中，「出現 4 或 4 以上數字」的事件與「出現 2 或 2 以下數字」的事件即為互斥事件。如果結果屬第一類 ｛4、5、6｝，就不可能同時屬於第 2 類 ｛1、2｝。工廠生產線的產品不可能同時為故障品以及良好品，故障品和良好品也是互斥事件。

如果事件 A 和 B 互斥，特殊加法原理說明任一事件發生機率等於其機率總和，如下列所示：

$$特殊加法原理＝P（A 或 B）＝P(A)+(B) \qquad [式 5-3]$$

對 3 個互斥事 A、B、C 而言，此原理為

$$P（A 或 B 或 C）＝P(A)+P(B)+P(C) \qquad [式 5-4]$$

例題 5.3

某公司利用機器將大豆、綠豆及其他蔬菜混裝進塑膠袋中，大部分的袋子內容量正確，但因豆子與蔬菜大小有差異，包裝可能過輕或過重。檢查這個月裝填的 1,000 個包裝顯示：

重量	事件	包裝數目	發生機率	
過輕	A	25	0.025	◀ $\dfrac{25}{1,000}$
合格	B	900	0.900	
過重	C	75	0.075	

某包裝過重或過輕的機率為何？

解

過輕的結果為事件 A，過重的結果為事件 C。應用特殊加法原理如下：

$$P（A 或 C）= P(A) + P(C)$$
$$= 0.025 + 0.075$$
$$= 0.10$$

注意： 事件屬互斥事件，因此混合蔬菜的包裝不可能同時過重、過輕以及合格。

英國邏輯學家文氏(J. Ven, 1834~1888)，發展一種圖表圖示實驗的結果，可使用此工具說明互斥概念以及各種其他合併機率的原現。為了建立文氏圖，首先繪出所有可能結果的空間，這個空間通常是矩形。事件所代表的圖形面積通常（大約）與事件機率成比例。以下以文氏圖說明 3 種常見機率狀態的概念；假設有 2 個事件分別為 A 和 B；它們的機率寫成 P(A) 和 P(B)：

1. 互斥機率：

$P(A \cup B) = P(A) + P(B)$

$P(A \cap B) = 0$

「互斥」套句武俠片中常見的台詞就是「有我無他，有他無我」，用這場景與氛圍來解釋，相信讀者一定可以明白。

2. 獨立機率：

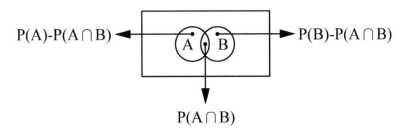

$$P(A \cup B) = [P(A) - P(A \cap B)] + P(A \cap B) + [P(B) - P(A \cap B)]$$
$$= P(A) + P(B) - P(A \cap B)$$

$$P(A \cap B) = P(A) \cdot P(B)$$

「獨立」是每個人在青少年時期最想要的，可以自己決定想做什麼，不受爸媽的影響；換言之「獨立機率」就是討論兩個彼此不受影響事件之間的機率。

3. 相依機率：

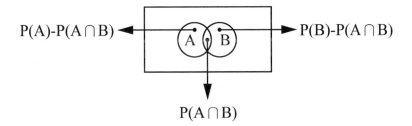

「相依」是兩者彼此依存，互相影響的；生活中的夫妻，男女朋友之間，是這種狀態最貼切的詮釋。

$$P(A \cup B) = P(A) + P(B) - P(A \cap B)$$

$P(A \cap B)$可以用「條件機率」來解釋；我們到§5-3-3再進一步說明。

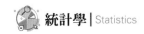 統計學│Statistics

4. 互補原理：

例如：選出的混合蔬菜包裝過輕的機率，寫成 P(A)，加上非過輕包裝的機率，寫成 P(~A)（讀做非 A）兩者總和為 1。

$$P(A) + P(\sim A) = 1$$

這也可以寫成

互補原理 = P(A) = 1–P(~A)　　　　　　　　　　　　　**[式 5-5]**

互補原理是以 1 減去事件不發生的機率以決定事件發生的機率。文氏圖可說明互補原理。

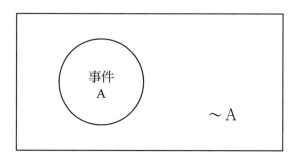

 例題 5.4

過輕混合蔬菜的機率為 0.025，過重機率為 0.075，試使用互補原理證明合格機率為 0.900，並使用文氏圖來解答。

解

包裝不合格的機率等於包裝過重加上過輕的機率，也就是

P（A 或 C）= P(A)+P(C) = 0.025+0.075 = 0.100。包裝如果未過重或過輕即屬合格，所以 P(B) = 1 − [P(A)+P(C)] =1 − [0.025+0.075] = 0.900。說明此情況的文氏圖如下：

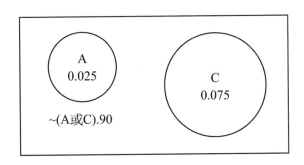

一般加法原理(the general rule of addition)實驗的結果可能並不互斥。

例如：新竹的旅遊局隨機選出 1,000 名，在今年曾到新竹六福村或ㄅㄆㄇ猴園旅遊的觀光客，顯示有 700 名去過六福村，400 名去過ㄅㄆㄇ猴園；但是我們直接計算去過六福村的機率為 $\frac{700}{1,000}$=0.7，去過猴園的機率為 $\frac{400}{1,000}$=0.4；似乎 0.7+0.4＞1.0 違反機率的定義；原因是有些觀光客被重複計算人數了！其實從人數上可以輕易看出 700+400−1,000＝100 是同時去過 2 個遊樂園，但機率上如何計算呢？我們用以下數學式來說明。

P（六福村或猴園）

= P（六福村）+P（猴園）−P（六福村和猴園）

= $\frac{700}{1,000}+\frac{400}{1,000}-\frac{100}{1,000}$

= 0.7+0.4−0.1

= 1.0

當兩件事情重疊時，機率稱為聯合機率。本題中同時參觀過 2 個樂園的機率 0.1 便是聯合機率；如果聯合機率越高，你（妳）不妨試試會發生什麼樣的情況。

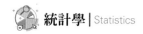

5-3-2 聯合機率(Joint Probability)

衡量兩個以上事件同時發生可能性的機率，總而言之，一般加法原理聯合機率是用在可以用來合併非互斥的事件。對 A、B 兩事件而言，此法則如下。

$$一般加法原理 = P（A 或 B）$$
$$= P(A)+P(B)-P（A 與 B）$$ 　　**[式 5-6]**

P（A 或 B）代表 A 可能發生或 B 可能發生，亦包含 A 與 B 可能發生，「或」的使用有時稱為可容(inclusive)。換句話說，不論 A 與 B 發生或者 A 或 B 發生，你都很滿意。

 例題 5.5

由標準撲克牌中隨機抽出一張為老 K 或紅心的機率為何？

 解

紙牌	機率		原因
老 K	P(A)	= 4/52	52 張牌中有 4 張老 K
紅心	P(B)	= 13/52	52 張牌中有 13 張紅心
紅心老 K	P(A+B)	= 1/52	52 張牌中有 1 張紅心老 K

使用[式 5-6]：

$$P（A 或 B） = P(A)+P(B)-P（A 和 B）$$
$$= 4/52+13/52-1/52$$
$$= 16/52 或 0.3077$$

以下文氏圖可表示這些非互斥的結果。

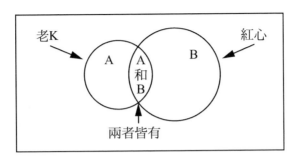

5-3-3 乘法原理(Rules of Multiplication)

特殊乘法原理(special rule of multiplication)要求事件 A、B 互相獨立。如果某事件的發生並不影響另一事件發生的機率，則稱其為獨立，所以如果 A、B 事件獨立，則 A 的發生並不影響 B 發生的機率。

Ⅰ. **獨立**(independent)

某事件的發生並不影響任何其他事件發生的機率。對獨立事件 A、B 而言，A、B 皆發生的機率可由兩機率相乘得知，這稱為特殊乘法原理。

2. **特殊乘法原理**(special rule of multiplication)

$$P（A 和 B）= P(A)P(B) \qquad \text{[式 5-7]}$$

此定理假設了第二件事件結果不受第一件事件結果的影響。舉例說明結果獨立性的意義，投擲幣二枚，一硬幣的結果（正面或反面）不受另一枚硬幣的影響（正面或反面）。換句話說，如果第二件事件的結果並不受第一件事件結果的影響，則二事件為獨立。

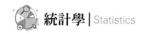
若對三獨立事件 A、B、C 而言,決定三事件皆發生的特殊乘法原理為:

$$P(A 和 B 和 C) = P(A)P(B)P(C)$$ [式 5-8]

 例題 5.6

擲硬幣 2 枚,兩枚皆為反面的機率為何?

其中一枚硬幣反面的機率 P(A)為 1/2(或 0.50),另一枚反面的機率 P(B)亦為 1/2(或 0.50)。使用[式 5-7],二者皆為反面向上的機率為 1/4(或 0.25)。

$$P(A 和 B) = P(A)P(B)$$
$$= \left(\frac{1}{2}\right)\left(\frac{1}{2}\right) = \frac{1}{4}$$

我們可以列出所有可能結果,二個反面是 4 種可能結果之一:

$$\begin{array}{ccc} & Ⓣ & Ⓣ \\ 或 & Ⓣ & Ⓗ \\ 或 & Ⓗ & Ⓣ \\ 或 & Ⓗ & Ⓗ \end{array}$$

如果兩事件非獨立,就稱為相依。為了說明相依性,假設箱子裡有 100 個蘋果,已知其中三個是壞的。由箱中拿出一個蘋果,很明顯地,

選中壞蘋果的機率為 3/100，選中好蘋果的機率為 97/100。接著選出第二個蘋果，且選中的第一個不丟回箱中，則第二次選中壞蘋果的機率視第一次選出蘋果的好壞而定。第二個蘋果是壞的機率為：

2/99，如果第一次選出壞蘋果（箱裡只剩 2 個壞蘋果）。

3/99，如果第一次選出好的蘋果（箱裡還有 3 個壞蘋果）。

2/99（或 3/99）一般稱為條件機率，因為其數值視第一次選出蘋果的好或壞而定。

3. 條件機率(conditional probability)

已知另一事件已發生之情況下，某一特定事件發生的機率對於 A、B 兩事件而言，兩事件發生的聯合機率為 A 事件發生的機率乘以 B 事件發生的條件機率。

P（A 和 B）的聯合機率如下所示：

$$一般乘法原理 = P(A 和 B) = P(A)P(B|A) \qquad \text{[式 5-9]}$$

其中 $P(B|A)$ 代表已知 A 已經發生之情況下，而 B 將要發生的機率，「|」代表已知。

除了用以上數學式來表示，我們嘗試用「樹狀圖」再次講解「條件機率」，利用圖解法來說明數學式的「條件」關係。

例如：

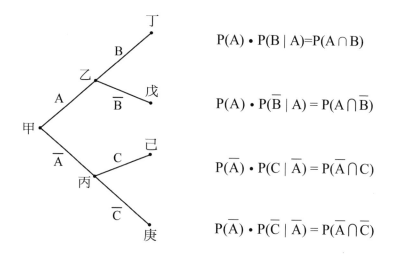

$$P(A) \cdot P(B \mid A) = P(A \cap B)$$

$$P(A) \cdot P(\overline{B} \mid A) = P(A \cap \overline{B})$$

$$P(\overline{A}) \cdot P(C \mid \overline{A}) = P(\overline{A} \cap C)$$

$$P(\overline{A}) \cdot P(\overline{C} \mid \overline{A}) = P(\overline{A} \cap \overline{C})$$

說明：

位置甲：起始狀態；第一種狀況分支（事件 A 及 $\overline{A}$ 的分支）；

位置乙及位置丙：在第一種狀況前提之下，發生事件 B、事件 $\overline{B}$ 及事件 C、事件 $\overline{C}$ 的分支；

位置丁、戊、己及庚：結果狀態，依據經過不同分支計算而得到的「交集機率」。

例題 5.7

為了說明此公式，讓我們使用箱子中包含有 100 個蘋果，其中已知三個壞的。依序選出兩個蘋果，則連續選出兩個壞蘋果的機率為何？

解

假設由箱中選出第一個壞蘋果的事件為事件 A，則 P(A)=3/100，因為 100 個裡面有 3 個壞的。第 2 個抽出壞蘋果的事件為事件 B，則 P(B|A)=2/99，因為第一次抽出發現為壞蘋果，則包含 99 個蘋果的箱子中只有 2 個壞蘋果。因此連續抽出兩次皆為壞蘋果的機率見[式 5-9]。

$$P（A 和 B） = P(A)P(B|A)$$
$$= \left(\frac{3}{100}\right)\left(\frac{2}{99}\right) = \frac{6}{9,900} （或約 0.0007）$$

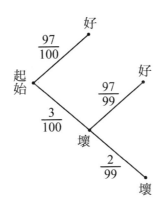

因為在第一種狀況時，已將好蘋果及壞蘋果區分，所以「好」狀況的分子，一直維持 97 個好蘋果，分母則依母體抽出不放回而遞減，所以抽中 2 個壞蘋果機率 $= \frac{3}{100} \times \frac{2}{99}$。

同樣可以假設此實驗不放回方式進行，也就是在抽出下個蘋果前，不會將抽過的放回箱中。我們也應留意一般乘法原理可以擴大至 2 事件以上。對 A、B、C 此 3 事件而言，公式為

$$P（A 和 B 和 C） = P(A)P(B|A)P（C|A 和 B）$$

舉例來說，在箱中抽出 3 個蘋果都是壞蘋果的機率為 0.000006184。計算如下：

$$P（A 和 B 和 C）= P(A)P(B|A)P（C|A 和 B）$$
$$= \left(\frac{3}{100}\right)\left(\frac{2}{99}\right)\left(\frac{1}{98}\right) = 0.000006184$$

再用「樹狀圖」說明及解題；

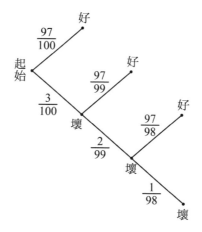

抽中 3 個壞蘋果機率 $= \frac{3}{100} \times \frac{2}{99} \times \frac{1}{98}$。

5-3-4　貝氏定理

在 18 世紀一名英國長老教會的牧師 Reverend Thomas Bayes 常思考此問題：「上帝真的存在嗎？」因為 Bayes 對數學很有興趣，他嘗試根據現有的資訊，建立一個找出上帝存在機率的方式，之後 Laplace 重新整理 Bayes 的研究，定義為貝氏定理(Bayes' theorem)：

$$\text{貝氏定理 } P(A_1|B) = \frac{P(A_1)P(B|A_1)}{P(A_1)P(B|A_1) + P(A_2)P(B|A_2)} \qquad \text{[式 5-10]}$$

以下例子將說明貝氏定理意義，留意其中條件機率。

假設第三世界國家有 5%的人口患有該國特有的疾病。若 A_1 代表「有病」的事件，A_2 代表「沒病」的事件。所以，我們知道如果從該國隨機選出一人，有病的機率為 0.05，即 $P(A_1) = 0.05$，此機率 $P(A_1) = P$（有病）$= 0.05$ 稱為事前機率，之所以稱為事前是因為在獲得任何實驗資料前就可得知此機率。

1. 事前機率(prior probability)

根據現有的資訊得到某人不受此疾病感染的機率為 0.95，或是 $P(A_2) = 0.95$，即 $1-0.05 = 0.95$。

現有一種診斷方法可以檢查此疾病，但並非完全準確。若 B 代表「診斷有病」的事件，假設根據歷史證據顯示如果某人真的有病，診斷指出此人患病的機率為 0.90，使用條件機率定義，我們可以寫成：

$$P(B|A_1) = 0.90$$

若某人沒病，但診斷指出他有病的機率為 0.15。

$$P(B|A_2) = 0.15$$

現在我們隨機選出一人進行診斷，診斷結果顯示有病，請問此人真正患病的機率為何？若以符號表示，我們想要知道 $P(A_1|B)$，即 P（有病|診斷有病），$P(A_1|B)$的機率我們稱為事後機率。

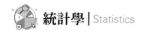

2. 事後機率(posterior probability)

根據額外資訊修正後的機率而有了貝氏定理[式 5-10]，我們可以決定事後機率。

$$P(A_1|B) = \frac{P(A_1)P(B|A_1)}{P(A_1)P(B|A_1) + P(A_2)P(B|A_2)}$$

$$= \frac{(0.05)(0.90)}{(0.05)(0.90) + (0.95)(0.15)} = \frac{0.0450}{0.1875} = 0.24$$

所以某人在被診斷有病時，真的有病的機率為 0.24，這項結論該如何解釋？如果由人口中隨機選出一人，那麼此人有病的機率為 0.05。如果此人接受檢驗，診斷患有疾病，那麼此人真正有病的機率增加 5 倍，成為 0.24。

上一個問題包含兩個事件 A_1 與 A_2，兩個事前機率。如果有兩個以上的事前機率，貝氏定理的分母就需要更多。如果事件機率分配多包含 n 個互斥事件，貝氏定理[式 5-10]就變成了：

$$P(A_i|B) = \frac{P(A_i)P(B|A_i)}{P(A_1)P(B|A_1) + P(A_2)P(B|A_2) + \cdots\cdots + P(A_n)P(B|A_n)} \quad \text{[式 5-11]}$$

其中 A_i 代表 n 個可能結果的任一個。

使用上述式子，診斷疾病問題的計算可以下表歸納之。

事件 A_i	事前機率 $P(A_i)$	條件機率 $P(B|A_i)$	聯合機率 $P(A_i 和 B)$	事後機率 $P(A_i|B)$
有病，A_i	0.05	0.90	0.0450	0.0450/0.1875=0.24
無病，A_i	0.95	0.15	0.1425	0.1425/0.1875=0.76

習題

1. 新型電玩遊戲已研發出來，由 100 名電玩高手檢測其市場潛力。
   (1) 實驗為何？
   (2) 假設有 75 個玩家嘗試新遊戲並且說喜歡這個產品，75 是個機率嗎？
   (3) 新型電玩遊戲成功的機率為−1，對嗎？

2. 由標準的 52 張撲克牌中隨機選出 1 張牌，這張牌為 Q 的機率為何？你回答此問題所使用的機率方法為何？

3. 據統計報告得知有 1,000 個死亡個案。其中 200 個來自汽車意外、300 個為癌症、500 個為心臟疾病。某死亡是來自汽車意外的機率為何？來自癌症的機率又為何？

4. 對某商業學校畢業學生 80 名進行調查的結果，發現這些學生畢業後主修課程如下：

會計	20 人
資訊管理	25 人
國貿	10 人
財金	25 人

   則此校畢業生主修資訊管理的機率為何？

5. 擲一顆骰子，
   (1) 出現 2 點的機率為何？
   (2) 使用何種機率概念？
   (3) 數字 1 至 6 的結果出現機率相同且互斥嗎？討論。
   (4) 出現奇數的機率為何？

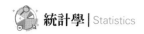

6. 在進行全國調查前，先選出 100 個人測試問卷。問卷中有個是非題：
   從網路下載 MP3 合法嗎？

   (1) 該實驗為何？

   (2) 列出一個可能的結果。

   (3) 100 人中有 30 人贊成合法。根據這些樣本回應，某人贊同合法的
       機率為何？

   (4) 每個可能結果都機率相同且互斥嗎？

7. 監理站隨機選出許多汽車駕駛，記錄下他們違反交通規則的資料如
   下：

違規次數	駕駛人數目
0	1,800
1	50
2	20
3	10
4	5
5 或 5 以上	15

   (1) 某駕駛人剛好違規 2 次的機率為何？

   (2) 使用何種機率概念？

   (3) 違規 2 次以上的機率為何？

   (4) 違規 2 次以下的機率為何？

8. 銀行客戶自行選出四碼的個人識別碼(PIN)，以作為自動提款機的密
   碼：

   (1) 把這當做是實驗，並列出 4 個可能結果。

   (2) 以上問題使用何種機率概念？

   (3) 試討論甲、乙兩客戶密碼相同之機率為何？

9. 隨機選出公司的員工以調查其退休計畫。再對樣本中所有員工進行深入的訪談，員工可歸類如下：

分類	事件	員工數目
主管	A	100
維修	B	50
生產	C	1,500
管理	D	300
秘書	E	70

第一個選出人員為：

(1) 維修或秘書人員的機率為何？

(2) 非管理人員的機率為何？

在(1)(2)的事件為互補或互斥或兩者都不是？

10. 事件 A、B 互斥。假設 $P(A) = 0.30$、$P(B) = 0.20$，事件 A 或 B 發生的機率為何？事件 A 與 B 皆不發生的機率為何？

11. 200 家連鎖便利商店的調查顯示稅後淨利如下：

稅後淨利	零售店數目
\$500 萬以下	100
500 萬~2 千萬	50
2 千萬以上	40

(1) 某店稅後淨利低於\$500 萬的機率為何？

(2) 某隨機選出零售店的稅後淨利介於 500 萬與 2,000 萬之間或大於 2,000 萬以上的機率為何？

12. 假設在統計學得 A 的機率為 0.25、得 B 的機率是 0.50，那麼成績是 C 或 C 以下之機率為何？　　　　【成績只分為 A、B、C 三種等級】

13. 擲一個骰子，A 為「擲出 3」的事件，B 是「擲出偶數」的事件，C 為「擲出奇數」的事件。討論這些事件任兩者組合，並說其是否為互斥或是否為互補。

14. 擲 2 枚硬幣，A 為「2 個正面」的事件、B 為「2 個反面」的事件。A、B 是否互斥？是否互補？

15. A、B 事件的機率各為 0.20、0.30。A 與 B 皆發生的機率為 0.15，那麼 P（A 或 B）=？

16. P(X) = 0.55、P(Y) = 0.35，假設兩者皆發生的機率為 0.20。X 或 Y 發生的機率為何？

17. 假設 A、B 事件互斥，其聯合機率為何？

18. 某生修了兩門課：歷史與數學。歷史及格的機率為 0.60、數學及格機率為 0.70、兩者皆及格機率為 0.50，那麼至少一科及格的機率為何？

19. 假設 P(A) = 0.40、P(B|A) = 0.30，A 與 B 的聯合機率為何？

20. 郵政局有 2 輛服務車常常拋錨。如果第一輛車可使用的機率為 0.75，第二輛可使用的機率為 0.50，兩者皆可使用的機率為 0.3，那麼 2 輛車都不能使用的機率為何？

21. $P(A_1) = 0.60$、$P(A_2) = 0.40$、$P(B_1|A_1) = 0.50$、$P(B_1|A_2) = 0.40$。使用貝氏定理計算 $P(A_1|B_1)$。

22. $P(A_1) = 0.20$、$P(A_2) = 0.40$、$P(A_3) = 0.40$、$P(B_1|A_1) = 0.15$、$P(B_1|A_2) = 0.25$、$P(B_1|A_3) = 0.10$。使用貝氏定理計算 $P(A_3|B_1)$。

23. 徐老師已教授基礎統計學多年。他知道有 70%的學生會寫完指派問題，他也決定了在做功課的學生中有 90%會通過考試。在那些不做功課的學生中有 50%會通過考試。小香上學期修了徐老師的統計學而且通過考試。試問他有寫功課的機率為何？

24. 由標準撲克紙牌中抽出的第一張牌：

    (1) 如果把牌放回，第 2 次又抽出 K 的機率為何？

    (2) 如果不把牌放回，第 2 次又抽出 K 的機率為何？

    (3) 已知第一次選出 K，第 2 次又抽出 K 的機率為何（假設不放回）？

25. 某公司有 400 名員工，其中 100 人吸菸。有 250 名男性在這家公司上班，其中有 75 人吸菸。隨機選出一員工，以下的機率為若干？

    (1) 男性。

    (2) 吸菸。

    (3) 男性並吸菸。

    (4) 男性或吸菸。

26. 客戶只要在某披薩公司購買大披薩就可以得到刮刮樂摸彩券，看看是否中獎。贏得免費飲料的機會是 1/10，贏得免費披薩的機會是 $\dfrac{1}{100}$。你明天打算吃披薩，試算以下事件機率為若干？

    (1) 贏得大披薩或飲料。

    (2) 不贏得大披薩。

    (3) 連去三次都不贏得大披薩。

    (4) 連去三次至少贏得一片大披薩。

27. 研發新口香糖來助人戒菸。如果吃口香糖的人中有 60%戒菸成功，在使用口香糖組成的 10 人群組中，至少有一個人成功戒菸的機率為若干？

28. 汽車保險公司將駕駛人分成良好、中等、不良風險。申請者被歸於這三類的機率為 30%、50%、20%。良好駕駛人發生意外的機率為 0.01；中等駕駛人發生意外的機率為 0.08；不良駕駛發生意外的機率則為 0.8。公司賣保險給老包，而他出了意外。老包為下列駕駛人的機率為若干？

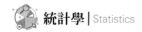

(1) 良好駕駛人。

(2) 中等駕駛人。

(3) 不良駕駛人。

29. SPA 會員的調查，調查記錄其性別與年齡。下表為一總結。

	35 歲以下	35 至 54 歲之間	54 歲以上	總計
男	27	90	26	143
女	20	25	10	55
總數	47	115	36	198

若你隨機選出一會員，下列各項之機率為若干？

(1) 男性。

(2) 年齡介於 35 至 54 歲之間的會員。

(3) 年齡介於 35 至 54 歲之間的男性。

(4) 年齡大於 54 歲的女性。

(5) 男性或年齡大於 54 歲的會員。

(6) 女性或年齡大於 54 歲的會員。

(7) 已知年齡小於 35 歲，其為男性的機率。

(8) 已知年齡大於 54 歲，其為男性的機率。

(9) 已知為男性，其年齡大於 54 歲的機率。

(10) 已知為女性，其年齡大於 54 歲的機率。

(11) 「男性」及「年齡介於 35 至 54 歲之間」的事件為獨立事件嗎？

(12) 「女性」及「年齡大於 54 歲」的事件為獨立事件嗎？

(13) 「男性」及「年齡大於 54 歲」的事件為互斥事件嗎？

(14) 「女性」及「男性」的事件為互斥事件嗎？

CHAPTER

06

機率分配

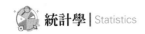
 6-1 機率分配概說

從本節起，我們開始研究「機率分配」。機率分配呈現一個實驗發生數值的整體範圍，和相對次數分配非常類似。透過對於過去已經發生事件的描述，機率分配可以告訴我們未來事件可能發生的情形。舉例來說，若有一製藥廠宣稱他們所出品的減肥藥對於 80%的人都有效的話，消費者保護基金會為了確認他們的宣稱是否屬實，則挑選了六個人進行測試。若製藥廠的宣稱屬實的話，我們可以預期這六個人應該都會有體重減輕的現象發生。更明確地說，也就是六個人中應該會有將近五個人左右體重確實減輕了。

機率分配(probability distribution)，表現出一個實驗所有的可能結果以及每一可能結果所發生的機率。機率分配如何產生？

 例題 6.1

表 6-1 為投擲一個公正硬幣三次，出現正面的次數為若干？可能情況：沒有正面、一個正面、二個正面與三個正面。請問，正面出現次數的機率分配為何？

 解

如下表所示，一共有八種可能的結果。H 代表正面，T 代表反面。

表 6-1　投擲一個公正硬幣三次，出現正面的情形

可能情況	投擲			正面次數
	第 1 次	第 2 次	第 3 次	
1	T	T	T	0
2	T	T	H	1
3	T	H	T	1
4	T	H	H	2
5	H	T	T	1
6	H	T	H	2
7	H	H	T	2
8	H	H	H	3

　　從上表可以了解，都沒有出現正面的情況只有一種；出現一次正面的情況共有三種；出現二次正面的情況共有三種；出現三次正面的情況只有一種。因此，投擲公正硬幣三次，沒有出現正面的機率是 1/8；出現一次正面的機率是 3/8；出現二次正面的機率是 3/8；出現三次正面的機率 1/8。出現正面數與機率值彙整如表 6-2，稱之為機率分配表。也可用圖形表示（參閱下圖）。

表 6-2　投擲公正硬幣三次，出現正面之機率分配

正面數 x	機率 P(x)
0	1/8 = 0.125
1	3/8 = 0.375
2	3/8 = 0.375
3	1/8 = 0.125
合計	8/8 = 1.000

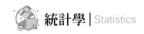
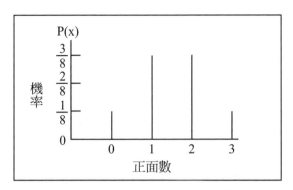

圖 6-1 投擲公正的硬幣三次，出現正面之機率分配表長條圖

機率分配有下列二個重要的性質：

1. 每一種可能結果的機率介於 0 與 1 之間【x 表結果，$P(x)$表機率，如上例所示，機率為 0.125、0.375 二種】。

2. 所有互斥的結果機率總和為 1，上例中 0.125+0.125+0.375+0.375=1

6-1-1 隨機變數

在任何隨機性的實驗中，任何可能的結果都是隨機性的出現。舉例來說，若我們進行丟骰子的實驗，那骰子的六種點數都有出現的可能。若依據實驗結果的性質加以區分，我們將資料的形態區分成兩大類：其中一種資料我們稱為數量化的結果（如錢的數目、體重或孩童的總數）；另一種資料則是性質上的結果（如顏色或喜歡的宗教）。底下幾個例子將更進一步地說明隨機變數的意義。

➲ 如果我們統計星期一學生缺席人數，則可能是 0、1、2、3、4、……。這些缺席人數是隨機變數。

➲ 擲二枚公正的硬幣，出現正面數可能是 0、1、2。確實的正面數依實驗而定，出現的正面數為隨機變數。

隨機變數(random variables)，能隨機表示不同數值的實驗所產生的變數。隨機變數依其性質可區分成連續隨機變數與不連續隨機變數。

6-1-2 機率分配的平均數、變異數與標準差

我們討論過次數分配的集中趨勢和離散程度。平均數告訴我們資料的集中趨勢，而變異數則告訴我們資料的離散程度。同樣的，機率分配亦可藉由平均數和變異數來表示其機率分配的特性。平均數採用的符號是 μ、變異數採用的符號是 σ^2。

（一）平均數

在傳達機率分配的特性時，平均數是常用的參考指標，它也可視為源於同一樣率分配的隨機變數的平均值。機率分配的平均數我們也稱為期望值 $E(x)$，它是隨機變數可能數值之加權平均數，經相對應的出現機率加權而成的。

$$\mu = E(x) = \Sigma\,[xp(x)]$$
[式 6-1]

其中，$p(x)$代表隨機變數 x 的機率值。換句話說，將每一隨機變數的可能值 x 乘以其本身的機率值 $p(x)$，然後再將其加總起來就是平均數。

（二）變異數

如前所述，平均數是不連續機率分配的集中趨勢值，然而它卻沒有辦法表現出機率分配的離散程度。至於變異數，則能衡量機率分配的離散程度。不連續機率分配的變異數計算公式為：

$$\sigma^2 = \Sigma\,[(x-\mu)^2 p(x)]$$
[式 6-2]

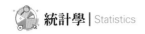

計算步驟如下：

1. 將每一隨機變數值減去平均值，而後將所得的差加以平方。

2. 將步驟 1 中所得到的每一數值乘以其隨機變數的機率值。

3. 將步驟 2 中所得到的每一數值加總起來即為變異數。

　　變異數 σ^2 的平方根即為標準差 σ，亦即 $\sigma = \sqrt{\sigma^2}$。

 ## 6-2　二項式機率分配

　　二項式機率分配(binomial probability distribution)是不連續機率分配，其主要的特徵是實驗的結果只有兩種形式而且互斥。例如，是非題的答案只有「是」與「非」兩種，而且是互斥的。通常我們把實驗的結果分成「成功」與「失敗」兩種。例如，一個人回答是非題，假如他猜對了，我們將它歸類為「成功」；假如猜錯了，我們將它歸類為「失敗」。

　　二項式機率分配的第二項特性是資料的蒐集依點計結果得來。這便是為什麼二項式機率分配被歸類為不連續機率分配的原因。

　　第三項特性是二項機率分配的實驗，每次成功（失敗）的機率都是相同的。第四項特性是每次試行的結果是相互獨立的。

　　二項式機率分配擁有下列特性：

1. 一項實驗結果被劃分成二種互斥的類型—成功或失敗。

2. 資料之蒐集來自點計。

3. 每次試行成功（或失敗）的機率都是相同的。

4. 每次試行的結果是相互獨立的。

6-2-1 二項式機率分配的計算

計算二項式機率分配時，必須獲知：(1)試行次數；(2)每次試行成功的機率。例如，一位學生回答 20 題問題，故試行 20 次；每一題共有 5 個答案，所以猜對（成功）的機率都是 1/5 或 0.20。

一個二項式實驗共試行 n 次，每次成功的機率為 π，則在 n 次試行中成功 x 次的機率為：

$$P(x) = {_nC_x}\pi^x(1-\pi)^{n-x}$$ [式 6-3]

其中：C = 組合函數

n = 試行次數

x = 試行成功次數

π = 每次試行成功機率

值得注意的是，這裡的 π 代表的是母體參數，不要和圓周率 3.1416 混淆了。

 例題 6.2

假若每天行臺北飛香港的飛機有五個班次，而每一班次抵達香港時班機延誤的機率是 0.20。請問在一天之中都沒有班機延誤的機率是多少？在一天之中只有一架班機延誤的機率是多少？

 解

我們利用[式 6-3]來解。每一班次班機延誤的機率是 0.20 所以 $\pi = 0.2$，每天有五架次的飛機 $n = 5$，x 代表成功次數，而在這一個實例中試行成功代表的是班機延誤。若都沒有班機延誤則 $x = 0$。

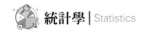

$$P(0) = {}_nC_x\,\pi^{\,x}(1-\pi)^{\,n-x}$$
$$= {}_5C_0(0.20)^0(1-0.20)^{5-0} = (1)(1)(0.3277) = 0.3277$$

而在一天之中只有一架班機延誤的機率是 0.4096，計算如下：

$$P(1) = {}_nC_x\,\pi^{\,x}(1-\pi)^{\,n-x}$$
$$= {}_5C_1(0.20)^1(1-0.20)^{5-1} = (5)(0.20)(0.4096) = 0.4096$$

本實例的全部機率分配列在下表

$n = 5$，$\pi = 0.2$ 的二項機率分配

延遲班機的數目	機率
0	0.3277
1	0.4096
2	0.2048
3	0.0512
4	0.0064
5	0.0003
總計	1.0000

將表中的隨機變數繪圖，可發現班次延誤的機率分配是偏態。

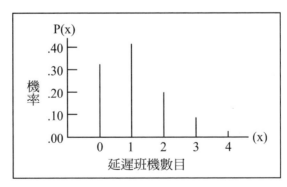

$n = 5$，$\pi = 0.2$ 的二項式機率分配

6-2-2　二項式分配機率表

二項式分配機率值是一項可以經由計算而容易獲得的機率理論，在 n 較小（如 $n = 3$、4）時容易計算，然而 n 漸大或是 P 值較繁複時，計算過程則相當龐大。因此利用「二項式分配機率表」，可以節省許多時間，詳表在附錄。

 例題 6.3

根據過去的經驗顯示，從一部高速機器製造的螺絲釘有 5%是瑕疵品，現在隨機抽取 6 個螺絲釘，請問沒有瑕疵品的機率是多少？如果是 1 個、2 個、3 個、4 個、5 個、6 個，請問瑕疵品的機率是多少？

 解

本例符合二項機率分配之四項條件：(a)每次試行成功的機率相同 (0.05)；(b)試行次數已知；(c)所有試行皆屬獨立事件；(d)實驗只有二種可能的結果（正常與瑕疵品）。

從表中先找到最上一列的成功率值 $\pi = 0.05$，往下尋找最左一行的機率值，得到 $P(0) = 0.735$。

另外，當發現一個瑕疵品的機率為 0.232。下表將 $n = 6$、$\pi = 0.05$ 的二項機率值列出：

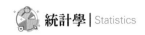
瑕疵品數目	二項式機率值
x	P(x)
0	0.735
1	0.232
2	0.031
3	0.002
4	0.000
5	0.000
6	0.000

二項機率分配的平均數(μ)與變異數(σ^2)分別是：

$$\mu = n\pi$$ 　　　　　　　　　　　　　　　　　[式 6-4]

$$\sigma^2 = n\pi(1-\pi)$$ 　　　　　　　　　　　　　　[式 6-5]

　　6-3　　常態機率分配　　

在此節我們將會：

1. 了解常態機率分配的特性。

2. 了解標準化之意義及 Z 值的計算。

3. 使用標準常態分配，計算兩點間的機率值。

4. 使用標準常態分配，計算位於某一數值以上或以下的機率值。

5. 比較二組以上不同機率分配的觀察值。

　　本節中，我們所研究一項非常重要的連續機率分配—**常態機率分配** (normal probability distribution)。一般而言許多自然界的事物的機率分配，如身高、體重、智商等都是屬於「常態」分配。

6-3-1　常態機率分配的特性

　　常態機率分配和它的圖形具有下列幾項特徵：

1. 常態曲線以鐘形呈現，在正中央部分為其頂峰。該點是機率分配的平均數、中位數及眾數所在。

2. 常態機率分配以其平均數為中心，左右對稱。換句話說，左右兩邊的曲線相互對應，並可對摺重疊。

3. 常態曲線以其平均數為中心，向左右兩邊 X 軸緩和地趨近，但不相切。

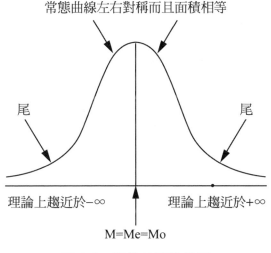

圖 6-2　常態分配的性質

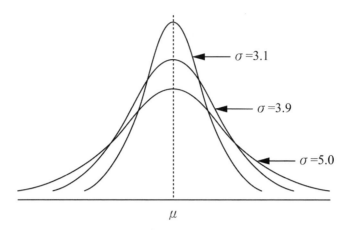

圖 6-3　平均數相同、標準差不同的三個常態分配

下圖顯示「快樂」牌早點的三種不同包裝。其重量的分配是平均數不同，但標準差相同的常態分配。

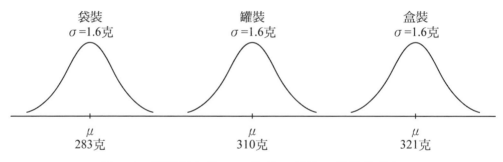

圖 6-4　標準差相同、平均數不同的三個常態分配

6-3-2　標準常態機率分配

從以上可以發現，平均數與標準差的不同，構成許多不同的常態機率分配，數目則毫無限制，因此無法像二項式分配一樣，提供一張通用的機率表，所以常態分配必須「標準化」，所有的常態皆可以化成 $\mu = 0$，$\sigma = 1$ 的「**標準常態分配(the standard normal distribution)**」。

轉化一般常態分配為標準常態分配的第一步便是標準化，將一般數值轉化 Z 值，公式如下：

$$Z = \frac{X - \mu}{\sigma}$$ [式 6-6]

其中：X = 任何特定觀察值。

μ = 平均數。

σ = 標準差。

Z 值是 X 值與 μ 值的差異，以 σ 來衡量其距離者。

舉例來說，一數值經計算 Z 值為 1.91，在標準常態曲線下，平均數與 X 之間的面積是多少？從表中最左一行往下找到 1.9，再往右尋找，與最上一列為 0.01 對稱的機率值 0.4719 便是答案。這便是觀察值落於平均數與 Z 值 1.9 之間的機率。

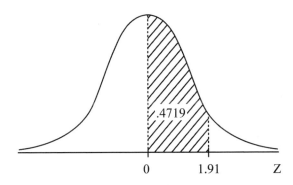

.4719

0   1.91   Z

圖 6-5　Z 值為 1.91 之標準常態分配機率圖

例題 6.4

$P(Z < +1.38)$

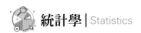

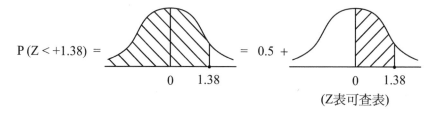

$$P\,(Z < +1.38) = \quad = \quad 0.5 +$$

(Z表可查表)

$$= \quad 0.5 + 0.4162$$

$$= \quad 0.9162$$

🕐 例題 6.5

$$P(Z > -2.01)$$

$$P\,(Z > -2.01) =$$

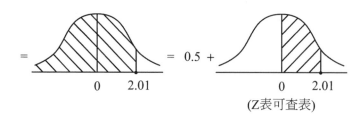

$$= \quad = \quad 0.5 +$$

(Z表可查表)

$$= \quad 0.5 + 0.4778$$

$$= \quad 0.9778$$

例題 6.6

$$P(-1 < Z < 1.8)$$

解

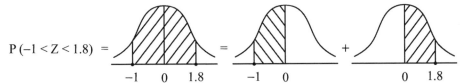

$$P(-1 < Z < 1.8) = \quad = \quad + $$

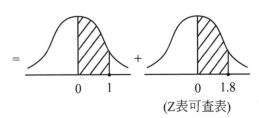

$$= \quad + $$

(Z表可查表)

$$= \quad 0.3413 \ + \ 0.4641$$

$$= \quad 0.8054$$

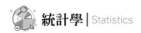

例題 6.7

$$P(Z < -2.01)$$

解

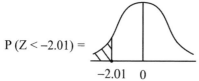

$$P(Z < -2.01) = \quad = \quad = 0.5 -$$

(Z表可查表)

$$= 0.5 - 0.4778$$

$$= 0.0222$$

例題 6.8

$$P(Z > 1.38)$$

解

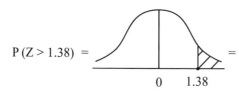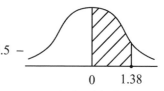

$$P(Z > 1.38) = \quad = 0.5 -$$

(Z表可查表)

$$= 0.5 - 0.4162$$

$$= 0.0838$$

例題 6.9

$\mu = 21$，$\sigma = 3$，$P(X<24) = ?$

解

$$P(X < 24) = \quad \xrightarrow{\quad Z=\dfrac{X-\mu}{\sigma}\quad}$$

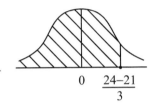

$\mu = 21$ 24
$\sigma = 3$

0   $\dfrac{24-21}{3}$

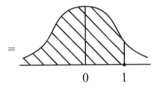

$=$ 0   1

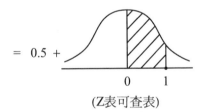

$= \; 0.5 \; +$ 0   1

(Z表可查表)

$= \; 0.5 \; + \; 0.3413 \; = \; 0.8413$

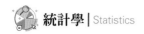

 例題 6.10

$$\mu = 21 , \sigma = 3 , P(X > 24) = ?$$

解

$$P(X > 24) =$$ 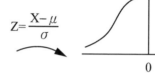 $$Z = \frac{X - \mu}{\sigma}$$

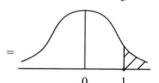

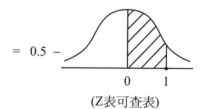

(Z表可查表)

$$= 0.5 - 0.3413 = 0.1587$$

例題 6.11

$$\mu = 21 \text{,} \sigma = 3 \text{,} P(18 < X < 24) = ?$$

解

$P(18 < X < 24) =$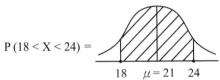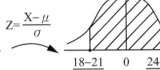

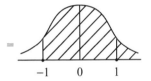

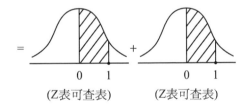

(Z表可查表)　　　(Z表可查表)

$= 0.3413 + 0.3413$

$= 0.6826$

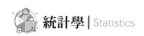
 例題 6.12

$\mu = 21$，$\sigma = 3$，$P(X<18) = ?$

解

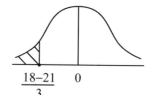

$P(X < 18) =$ 18 $\mu = 21$ $\sigma = 3$

$Z = \dfrac{X - \mu}{\sigma}$ $\dfrac{18-21}{3}$ 0

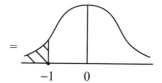

$= $ -1 0

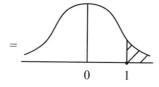

$= $ 0   1

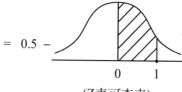

$= 0.5 - $ 0   1

(Z表可查表)

$= 0.5 - 0.3413$

$= 0.1587$

例題 6.13

$\mu = 21$，$\sigma = 3$，$P(X > 18) = ?$

解

$P(X > 18) =$ $\quad Z = \dfrac{X - \mu}{\sigma}$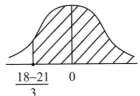

$= $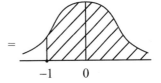

$= $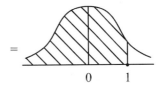

$= 0.5 + $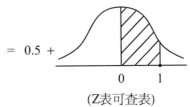

(Z表可查表)

$= 0.5 + 0.3413$

$= 0.8413$

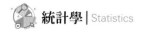
 例題 6.14

一群中階管理者的月薪呈現常態分配，其平均數為$1,000、標準差為$100，請將月薪 X=$1,100 化為 Z 值，並將 X=$900 化為 Z 值。

 解

$$X = \$1,100$$
$$Z = \frac{X - \mu}{\sigma}$$
$$= \frac{\$1,100 - \$1,000}{\$100}$$
$$= 1.00$$

$$X = \$900$$
$$Z = \frac{X - \mu}{\sigma}$$
$$= \frac{\$900 - \$1,000}{\$100}$$
$$= -1.00$$

Z 值為 1 表示月薪$1,100 比平均數$1,000 高出一個標準的水準；Z 值為–1 表示月薪$900 比平均數$1,000 低一個標準差水準。兩者與平均數的距離相同。

 例題 6.15

某一輪胎製造商正欲對普利司通型新型輪胎，設定一保證哩程數。假設經過測試，該牌輪胎壽命呈常態分配，平均數是 47,900 英哩，標準差是 2,050 英哩。該製造商欲使因哩程數不及保證哩數而要求更換新胎的比例不超過 4%，請問該製造商應該設定多少的保證哩程數？

 解

在常態分配圖上的相對位置，先用圖形表示保證哩程數。

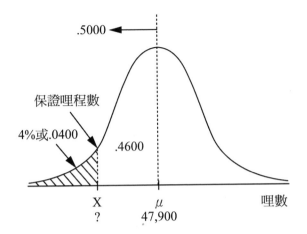

再使用公式，求解 Z 值。

$$p\left(Z < \frac{X-\mu}{\sigma}\right) = p\left(Z < \frac{X-47,900}{2,050}\right) = 0.04$$

經查表得知：$p(Z<-1.75) = 0.04$

$$Z = \frac{X-47,900}{2,050} = -1.75$$

$$X = 47,900 - 2,050 \cdot (-1.75)$$

$$= 44,312（英哩）$$

該輪胎公司如果保證普利司通型輪胎至少可以使用 44,312 英哩，則大約只有 4%的輪胎因未達此哩程而要求更換。

例題 6.16

$$P(Z < K) = 0.025$$

<思考方向>因為不知 K 的正負；所以「小於 k」有兩種情況：

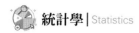

Case 1：

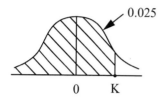

0.025

基於機率（面積）大小的考量 Case 1 不成立！

Case 2：

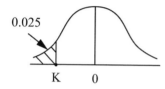

0.025

符合機率（面積）大小的考量 Case 2 成立！

解

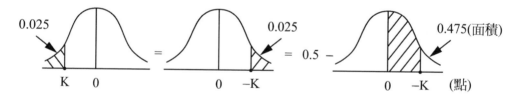

查 Z 表

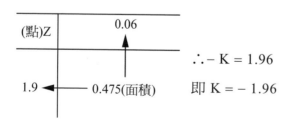

$\therefore -K = 1.96$

即 $K = -1.96$

例題 6.17

$$P(Z < K) = 0.975$$

＜思考方向＞因為不知 K 的正負；所以「小於 K」有兩種情況：

Case 1：

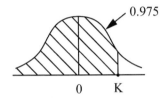

符合於機率（面積）考量 Case 1 成立！

Case 2：

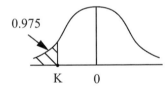

不符合機率（面積）考量 Case 2 不成立！

解

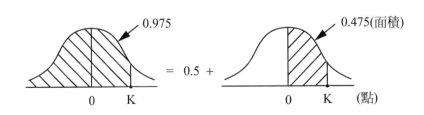

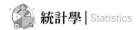
查 Z 表

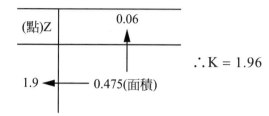

例題 6.18

$$P(Z > K) = 0.025$$

<思考方向>因為不知 K 的正負；所以「大於 K」有兩種情況：

Case 1：

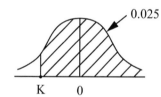

不符合機率（面積）考量 Case 1 不成立！

Case 2：

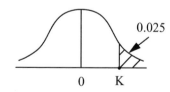

符合機率（面積）考量 Case 2 成立！

 解

留給讀者仿例題 6.16 練習！

例題 6.19

$$P(Z > K) = 0.975$$

＜思考方向＞因為不知 K 的正負；所以「大於 K」也有兩種情況：

Case 1：

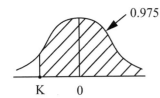

符合機率（面積）考量 Case 1 成立！

Case 2：

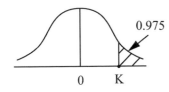

不符合機率（面積）考量 Case 2 不成立！

留給讀者仿例題 6.17 練習！

例題 6.20

已知 $\mu = 21$，$\sigma = 3$，$P(K_左 < X < K_右) = 0.95$【假設左右對稱】

<思考方向>因為不知 $K_左$ 及 $K_右$ 的正負，所以有以下三種情況：

Case 1：

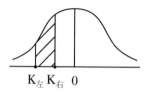

不符合假設！Case 1 不成立！

Case 2：

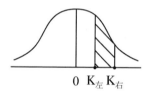

亦不符合假設！Case 2 不成立！

Case 3：

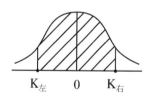

當 $K_左 = -K_右$ 時，左右對稱，假設成立。

解

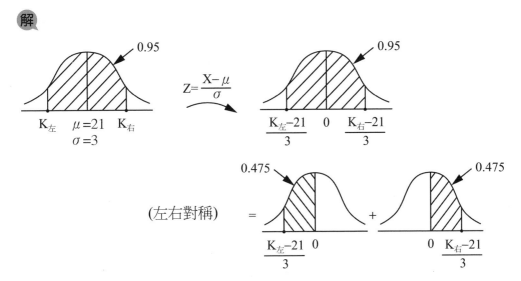

(左右對稱)

可畫表

Z		0.06
		↑
1.9 ←		0.475

$\therefore \dfrac{K_{右}-21}{3}=1.96$

$K_{右}-21 = 1.96 \times 3$

$K_{右} = 21+1.96 \times 3 = 26.88$

同理 $K_{左} = 21 - 1.96 \times 3 = 15.12$

6-4 *t* 分配

t 分配(Student's t-distribution)為英國學者 *Gosset*(1876-1937)於 1908 年以筆名 *Student* 所發表,故取名為 t 分配,這是一種專門討論小樣本的分配。與常態分配比較起來,它也是一種對稱於平均數的機率分配,且其平均數和標準常態分配一樣是 0,但與常態分配最大的不同點是 t 分配的形狀隨著自由度(Degree of freedom,簡稱 *d.f.*)的不同而改變,如圖所示:

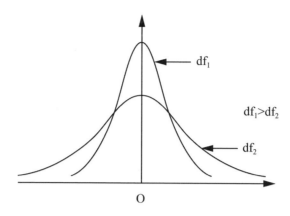

圖 6-6　不同自由度下之 *t* 分配圖形

　　所謂自由度指的是一統計量中各變量可以自由變動的個數,當統計量中每含一個條件時,自由度就會少一個。例如 x_1、x_2、x_3 與 x_4 等四個變量均可代表任何數,此時自由度為 4,但是如果其平均值已知,在多出此一限制條件下,自由度將變為 4-1=3。而在 *t* 分配中的自由度為樣本數減 1,即 $d.f. = n-1$。

　　當自由度越小時,*t* 分配的離散程度越大;當自由度越大時,*t* 分配的離散程度越小,且越接近標準常態分配。一般而言,當 $d.f. \geq 30$ 時,*t* 分配與標準常態分配已經很接近,尤其當 $d.f. \to \infty$ 時,*t* 分配即可視為標準常態分配。如圖所示。

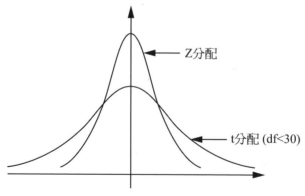

圖 6-7　*t* 分配與標準常態分配之圖形比較

t 分配中的統計量 t 的定義為 $t = \dfrac{\bar{x} - \mu}{s / \sqrt{n}}$ [式 6-7]

其中 $\bar{x}$ 為樣本平均數，μ 為母體平均數，s 為樣本標準差，n 為樣本數。當進行估計或檢定時，而必須使用到 t 分配的時機為：母體為常態分配，且變異數 σ^2 不知，而樣本數 n 又不夠大($n \leq 30$)時用之，至於細節將會在後面的章節中說明。

 例題 6.21

根據附錄之 t 分配表，求出在自由度為 5 的情況下，$P(t \geq k) = 0.025$ 的臨界值 $k = ?$

 解

因為 d.f. = 5 且 $P(t \geq k) = 0.025$，

故查表得 $k = 2.571$。

 例題 6.22

根據附錄之 t 分配表，求出在自由度為 10 的情況下，$P(t \geq k) = 0.05$ 的臨界值 $k = ?$

 解

因為 d.f. = 10 且 $P(t \geq k) = 0.05$，

故查表得 $k = 1.812$。

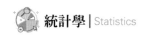

 例題 6.23

　　根據附錄之 t 分配表，求出在自由度為 8 的情況下，
$P(t<k) = 0.99$ 的臨界值 $k = ?$

　　因為 d.f. = 8 且 P(t<k) = 0.99，即 P(t≧k) = 0.01

　　故查表得 $k = 2.896$。

 例題 6.24

　　根據附錄之 t 分配表，求出在樣本數為 13 的情況下，$P(t<k) = 0.9$
的臨界值 $k = ?$

　　因為 d.f. = n−1 = 13−1 = 12 且 P(t<k) = 0.9，即 P(t≧k) = 0.1

　　故查表得 $k = 1.356$。

＜重點整理＞

　　因 t 表和 Z 表的概念完全相同只是轉換公式不同，而且第六章的機
率分配重點在計算 Z 分配及 t 分配的正規化公式轉換及查表；我們歸納
成三大部分：

第一部分：「轉換」

① Z 表：

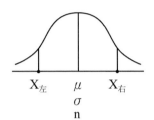

$$Z = \frac{X - \mu}{\sigma}$$

$$X_{左} = \mu - Z_{左} \cdot \sigma$$

$$X_{右} = \mu + Z_{右} \cdot \sigma$$

$$Z_{左} = \frac{x_{左} - \mu}{\sigma}$$

$$Z_{右} = \frac{x_{右} - \mu}{\sigma}$$

② t 表：

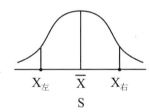 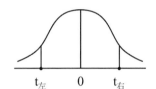

$$t = \frac{X - \overline{X}}{S / \sqrt{n}}$$

$$X_{左} = \overline{x} - t_{左} \cdot \frac{s}{\sqrt{n}}$$

$$X_{右} = \overline{x} + t_{右} \cdot \frac{s}{\sqrt{n}}$$

$$t_{左} = \frac{x_{左} - \overline{x}}{s / \sqrt{n}}$$

$$t_{右} = \frac{x_{右} - \overline{x}}{s / \sqrt{n}}$$

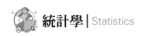
第二部分：「查表」

① Z 表查表圖

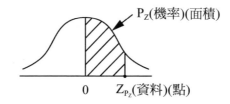

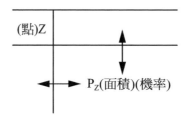

② t 表查表圖（右尾）

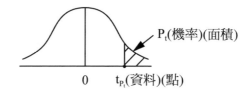

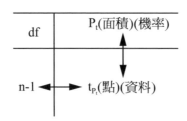

第三部分：五種統計基本圖形的查表換算

①

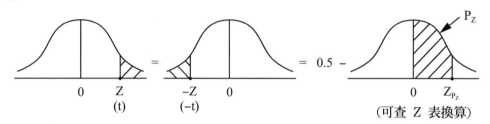

（可查 Z 表換算）

或

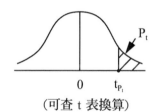

（可查 t 表換算）

②

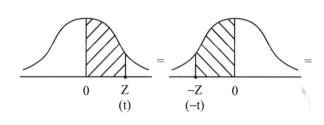

（可查 Z 表）

或

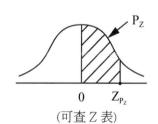

（可查 t 表換算）

③

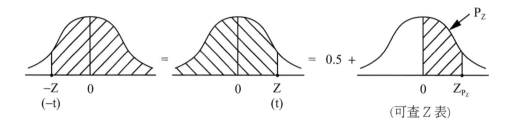

$= 0.5 +$

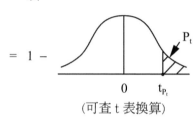

(可查 Z 表)

或

$= 1 -$

(可查 t 表換算)

④

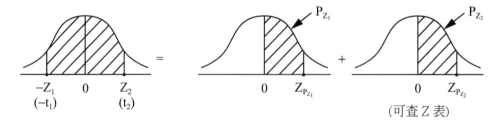

(可查 Z 表)

或

$= 1 -$

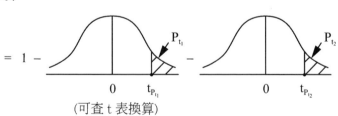

(可查 t 表換算)

⑤

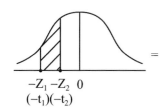

=

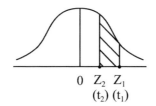

=

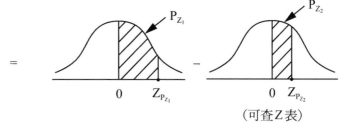

（可查Z表）

或

=

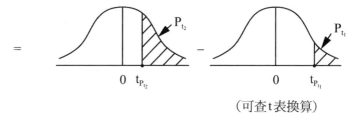

（可查t表換算）

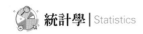

習 題

1. 擲一公正骰子共有六種可能出現的點數：1、2、3、4、5、6。

   (1) 請用機率分配表陳示結果。

   (2) 請將次數分配用長條圖陳示出來。

   (3) 請計算機率總和。

2. 請敘述標準常態分配的特性，並以查表法算出下列各題的機率：

   (1) $P(-0.48 < Z < 1.74)$？

   (2) $P(Z < 1.23)$？

   (3) $P(Z < -1.39)$？

3. 請敘述標準常態分配的特性，並以查表法算出下列各題的機率：

   (1) $P(-0.84 < Z < 1.37)$？

   (2) $P(Z < 1.07)$？

   (3) $P(Z < -1.73)$？

4. 請以查表方式作出以下各題：

   (1) $P(-0.6 < Z < 0.76)$？

   (2) $P(Z < 2.00)$？

   (3) $P(Z < -0.94)$？

   (4) $P(Z > a) = 0.0107$，求 $a = ?$

   (5) $P(Z > a) = 0.879$，求 $a = ?$

5. 請以查表方式作出以下各題：

   (1) $P(-0.84 < Z < 1.37)$？

   (2) $P(0 < Z < 1.07)$？

   (3) $P(Z < -1.73)$？

   (4) $P(Z < 1.23)$？

(5) P(Z＞a) = 0.0418，求 a = ?

(6) P(Z＜a) = 0.9582，求 a = ?

(7) P(Z＜a) = 0.1711，求 a = ?

(8) P(Z＞a) = 0.8289，求 a = ?

6. 試計算以下各題的機率：

(1) 已知平均數 μ = 78.3，標準差 σ = 3，求 P(75＜X＜84.63)？

(2) 已知平均數 μ = 18，標準差 σ = 2.5，求 P(18＜X＜20)？

(3) 已知平均數 μ = 80，標準差 σ = 4，求 P(73＜X＜75)？

7. 試將下列二小題常態分配以 Z 轉換，換算成標準常態分配後，以查表法算出下列各題的機率：

(1) 已知平均數 μ = 80，標準差 σ = 4，求 P(82＜X＜84)？

(2) 已知平均數 μ = 18，標準差 σ = 2.5，求 P(17＜X＜20)？

8. 試求以下各題的 k 值：

(1) 已知平均數 μ = 400，標準差 σ = 50，求 P(X＜k) = 0.2119，求 k = ?

(2) 已知平均數 μ = 80，標準差 σ = 31.25，求 P(80＜X＜k) = 0.4，求 k = ?

9. 試將下列常態分配以 Z 轉換，換算成標準常態分配後，以反查表法算出下列各題的 k 值：

(1) 已知平均數 μ = 78，標準差 σ = 3，求 P(78＜X＜k) = 0.4968，求 k = ?

(2) 已知平均數 μ = 20，標準差 σ = 2.5，求 P(k＜X＜20) = 0.2514，求 k = ?

(3) 已知平均數 μ = 78，標準差 σ = 3，求 P(X＜k) = 0.9968，求 k = ?

(4) 已知平均數 μ = 18，標準差 σ = 2.5，求 P(X＞k) = 0.2514，求 k = ?

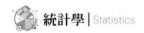

10. 美國圖書出版協會研究報告顯示美國的成年人每年平均花費 70 美元買書。我們假設其呈現常態分配並且標準差為 8 美元。

    (1) 如今我們選取一位成年人，請問他每年花費 70 美元到 80 美元買書的機率為若干？

    (2) 如今我們選取一位成年人，請問他每年花費超過 80 美元買書的機率為若干？

11. 已知某班級的程式設計考試成績呈常態分配，$\mu = 70$ 分，$\sigma = 7$ 分，並知道這位老師的當率是全班人數 5%（意即全班學生有 0.05 的比例是程式設計不及格的），問學生的程式設計分數在幾分以下會被當掉？

12. 假設某群人血液中總膽固醇呈常態分配，且平均值 200mg/dl，標準差為 20mg/dl，試隨機抽樣，求膽固醇合乎下述情形的機率：

    (1) 大於 160mg/dl

    (2) 介於 190mg/dl 至 200mg/dl 之間

    (3) 小於 160mg/dl

    (4) 介於 210mg/dl 至 220mg/dl 之間

    (5) 大於 220mg/dl 以上或者小於 180mg/dl 以下

    (6) 大於 225mg/dl

    (7) 介於 180mg/dl 至 200mg/dl 之間

    (8) 小於 150mg/dl

    (9) 介於 190mg/dl 至 210mg/dl 之間

13. 若生物統計學的學期考試分數呈常態分配，且平均分數為 70，標準差為 10；若分數在前 5%的學生會接受學校推薦表揚，但最後 2%的學生卻要慘遭重修的命運。班上的小芬很有上進心，希望接受表揚；而惠羽只求不要重修，請問小芬最少要考幾分以上才可接受表揚？惠羽最少要考幾分以上才可過關？

14. 若生物統計學的學期考試分數呈常態分配，且平均分數為 70，標準差為 8；若分數在前 10%的學生會接受學校推薦表揚，但最後 5%的學生卻要慘遭重修的命運。班上的小芬很有上進心，希望接受表揚；而惠羽只求不要重修，請問小芬最少要考幾分以上才可接受表揚？惠羽最少要考幾分以上才可過關？

15. 若 n=18，求：(a) df = ？   (b) $t_{0.0005}$ = ？   (c) $t_{0.00005}$ = ？
(d)$P(-t_{0.0005} < t < t_{0.00005})$ = ？

16. 若 n = 28，求：(a) df = ？   (b)$-t_{0.0025}$ = ？   (c)$-t_{0.00025}$ = ？
(d) $P(-t_{0.00025} < t < t_{0.0025})$ = ？

17. 根據附錄之 *t* 分配表，求出在樣本數為 26 的情況下，$P(t \geq k) = 0.025$ 的臨界值 $k = ？$

18. 根據附錄之 *t* 分配表，求出在樣本數為 18 的情況下，$P(t<k) = 0.95$ 的臨界值 $k = ？$

19. 請以查表方式作出以下各題：

(1) n = 26，$P(-a < t < a) = 0.9$，問 a = ？

(2) n = 21，$P(0 < t < a) = 0.025$，問 a = ？

(3) n = 17，$P(t > a) = 0.55$，問 a = ？

(4) df = 10，$P(t > a) = 0.05$，問 a = ？

(5) $P(Z < a) = 0.119$，求 a = ？

(6) $P(Z < a) = 0.3372$，求 a = ？

(7) 若 n = 23，求 $P(a < t < 2.819) = 0.245$，求 a = ？

【勿忘討論兩種情況】

20. 若 n = 13，求 $P(-8.025 < t < b) = 0.175$，求 b = ？【勿忘討論兩種情況】

21. 若 n = 23，求 $P(a < t < 3.93) = 0.245$，求 a = ？   【勿忘討論兩種情況】

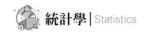
22. 試將下列常態分配以 t 轉換，換算成標準 t 分配後，以反查表法算出下列各題的 k 值：

(1) 已知平均數 $\mu = 78$，標準差 $\sigma = 3$，df = 10，
求 $P(X < k) = 0.9968$，求 k = ?

(2) 已知平均數 $\mu = 18$，標準差 $\sigma = 2.5$，df = 27，
求 $P(X > k) = 0.2514$，求 k = ?

(3) 已知平均數 $\mu = 78$，標準差 $\sigma = 3$，df = 17，
求 $P(78 < X < k) = 0.45$，求 k = ?

(4) 已知平均數 $\mu = 20$，標準差 $\sigma = 2.5$，df = 7，
求 $P(k < X < 20) = 0.475$，求 k = ?

23. 試將下列小題 t 分配以 t 轉換，換算成標準 t 分配後，以查表法算出下列各題的機率：

(1) 已知平均數 $\mu = 78.3$，標準差 $\sigma = 3$，df = 10，
求 $P(75 < X < 84.63)$？

(2) 已知平均數 $\mu = 18$，標準差 $\sigma = 2.5$，df = 27，求 $P(17 < X < 20)$？

(3) 已知平均數 $\mu = 80$，標準差 $\sigma = 4$，df = 17，求 $P(82 < X < 84)$？

(4) 已知平均數 $\mu = 21$，標準差 $\sigma = 2.5$，df = 7，求 $P(17 < X < 20)$？

24. 某工程單位工安失事率為 4.35%，今抽樣 100 個隨機樣本，問失事率發生小於 3%的機率為何？

25. 某工程單位工安失事率為 0.97%，今抽樣 100 個隨機樣本，問失事率發生大於 1%的機率為何？

26. 混合題型：

(1) 計算類：

① 已知 df = 23，P(0.67 < Z < 0.76) = ?

② 若 n = 20，求 P(a < t < 3.93) = 0.245，求 a = ?

③ 已知平均數 μ = 57，標準差 σ = 0.234567，n = 13，

P(X > a) = 0.5，求 a = ?

④ 已知 n = 15，P(1.761 < t < a) = 0.045，求 a = ?

⑤ 已知平均數 μ = 55，標準差 s = 11，n = 10，求 P(X > a) = 0.99，

求 a = ?

⑥ 已知 df = 11，平均數 μ = 18，標準差 s = 2.5，P(X < 25) = ?

⑦ 已知平均數 μ = 3.14159，標準差 σ = 7.337，df = 23，

求 P(8 < S < 9) = ?

⑧ $\sigma^2 = 18$，n = 25，$P(10.926 < S^2 < 32.235)$ = ?

⑨ 已知平均數 μ = 18，標準差 s = 2.5，df = 13，

求 P(10 < X < 20) = ?

⑩ n = 24，P(−2.069 < t < a) = 0.95，求 a = ?

⑪ $\sigma^2 = 6$，n = 25，$P(S^2 > a)$ = 0.05，求 a = ?

⑫ 已知平均數 μ = 55，標準差 σ = 7，P(X > a) = 0.95，求 a = ?

⑬ P(Z < a) = 0.119，求 a = ?

(2) 應用類：

① 已知某班級的程式設計考試成績呈常態分配，μ = 80 分，σ = 11
分，並知道這位老師的當率是全班人數 9%（意即全班學生有
0.09 的比例是程式設計不及格的），問學生的程式設計分數在幾
分以下會被當掉？

② 某校抽出 50 位同學為一隨機樣本，求得其平均身高為 174.5 公
分，標準差為 6.9 公分，若 P(174.5−a < X < 174.5+a) = 0.98，求
a = ?

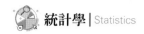
③ 假設某城市居民的所得分配；$\mu = \$310000$，標準差 $\sigma = \$50000$，求 $P(X > 315000) = ?$

④ 某貨運行假定其行李包裹的重量呈現常態分配，今處理一批行李包裹，$\mu = 55$，標準差 $\sigma = 7$，若 $P(55-a < X < 55+a) = 0.95$，求 $a = ?$

⑤ 一門統計學的期末考測驗成績近似於常態分配，$\mu = 75$，$\sigma = 8$，該課程老師欲取全班最高分的 10%同學為 A 並予以獎勵。請問，應取多少分以區隔 A 與其他級？

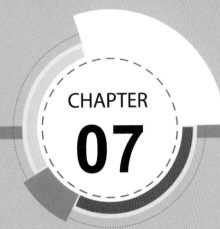

CHAPTER

07

推論統計（一）
估　計

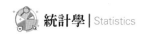

　　在第二章我們提過統計學分成兩類：敘述統計(Descriptive Statistics)與推論統計(Inferential Statistics)。我們在第三章與第四章所介紹的統計學都是敘述統計，從本章開始你（妳）要將敘述統計的統計量，不只是概分成集中量數與離散量數，而是將兩者合而為一，配合第六章所學的機率分配，加以進一步的詮釋，延伸它們以對母體有進一步的解釋。同時配合「統計地圖」讓大家對估計和檢定有全面性的了解。

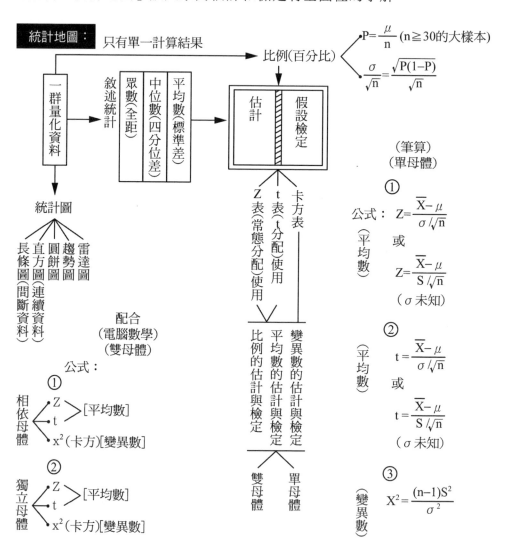

7-1　何謂估計

在日常生活中，我們常常可以聽到或用到：「從這兒向前走 500 公尺，就可以看見…」、「這個人看起來大概二十歲左右…」，這裡面就包括了兩種不同的估計方式，統計學稱為點估計(point estimation)和區間估計(interval estimation)；「500 公尺」就是一個點估計，「二十歲左右」就是區間估計。

試試看

你（妳）可否應用日常的經驗來分辨以下例題，何者為點估計，何者為區間估計：

1. 據估計每天吃一顆蘋果可以防癌。

2. 這次暑假出國，大概得花幾十萬耶！

3. 這輛車從外觀上看來是剛買一年左右的新車，但性能如何得試試才知道。

4. 這座教堂從各種文獻查考，估計有三百年的歷史，是一座有名的古蹟。（假設文獻中的記載有誤差，且有時空的限制，無法進行確認）

5. 根據世界上最有名的醫師指示：每天上午起床，空腹喝 250c.c.的白開水可以消除血中有害的膽固醇，增進健康。

6. 從問卷調查中發現當地居民有 80% 不希望在當地興建焚化爐。

7. 減肥的人中，每天睡 8 小時的人比睡 5 小時的人更容易達成減肥目標；因為睡眠充足的人，控制血醣的胰島素比較靈敏，可以更有效處理血醣。

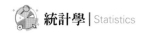

 7-2　點估計

　　眾數、中位數與平均數都是可以使用的統計量，但是從各種對於不同統計量之分配的研究分析中得知，對於所有母體，樣本平均數都是最接近母體參數的中心值，也就是說樣本平均數是母體參數的不偏估計量(unbiased estimator)，所以我們都以平均數做為母體參數的最佳估計，也就是我們在前一小節中所提到的「點估計(point estimation)」。因此我們可以定義：點計估為母體參數的一個可能的代表值。

　　所以我們公布 7-1 的解答；一顆蘋果、三百年歷史、250c.c.、80%、8 小時與 5 小時，都是點估計。相信你（妳）不難發現它們都是單一值；倘若我們根據點估計的內涵都是平均數，將【試試看】的例題重寫成以下方式，會更貼近事實：

1. 據估計每天平均吃一顆蘋果可以防癌。（畢竟果皮、果核不見得每人都吃）

2. 這座教堂從各種文獻查考，平均來說應該有三百年的歷史，是一座有名的古蹟。

3. 根據世界上最有名的醫師指示：每天上午起床，空腹平均喝 250c.c.的白開水可以消除血中有害的膽固醇，增進健康。（我們喝水都是用概略的計算，在倒水過程中難免因為人的誤差，每次的水量都會不同）

4. 從問卷調查中發現當地居民平均有 80%不希望在當地興建焚化爐。（畢竟比例值，本身就含有平均的意義）

5. 減肥的人中，平均每天睡 8 小時的人比平均每天睡 5 小時的人更容易達成減肥目標；因為睡眠充足的人，控制血醣的胰島素比較靈敏，可以更有效處理血醣。（畢竟每人每天的睡眠受到許多外在的影響，不可能做到精確）

7-3　何謂好的點估計

　　因為我們是用一組樣本來估計一個母體，所以絕對談不上精確。即然是估計的值，當然就沒有好壞之分。但是我們可以針對計算估計值的方法來進行評估。

　　我們評估的方法就是根據第一章第四節所提到的兩項指標：**信度**(Reliability)與**效度**(Validity)。我們針對同一母體，運用多次的重複抽樣來得到多組的樣本平均數，將這些樣本平均數相加，除上組數，就可以得到最後的平均值，看看它與母體的真實平均是否接近。如果大量樣本的樣本平均數等於真正的母體平均數，我們可以說它是該母體參數的不偏估計量，即代表這個估計方法是有效度的。而如果這多組樣本的各個樣本平均數與真值相去不遠，代表這個估計方法是穩定的方法，是有信度的。

　　所謂好的點估計值，就是只要從一個有效度與信度的估計方法所獲得的，我們就可以視為一個好的點估計值。

 ## 7-4　區間估計與信賴區間

　　得到一個好的點估計值固然是一件值得欣慰的事，但是在同一個母體中經過重複抽樣所計算出的各組樣本平均數並未「相去不遠」，而是「有一點距離」，或者是根本就受限於某種限制，不容許我們去進行估計方法的評估；是否我們就揚棄所有努力的結果，宣布放棄呢？

　　當然不是！我們來看看究竟是什麼原因造成各組樣本平均數的誤差。因為每組樣本本身都有差異，所以抽樣誤差是原因所在。因此只要決定在某個誤差範圍之內，所得到的結果是可以被接受的，這種經由「樣本統計值加、減抽樣誤差」的方式就稱為「**區間估計**(interval

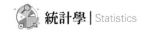

estimation)」，而這個區間估計得到的結果稱為**信賴區間**(confidence level)。由於估計範圍擴大，當中包含可以解釋的訊息也增加，更可以適應實際的情況的需要，也為點估計所得到的結論多留了餘地。

7-4-1 區間估計與信賴度

我們之前曾討論過可以容許的情況，而所謂「可容許的情況」就是取決於**信賴度**(degree of confidence)的大小。信賴度與顯著水準 α 相加為 1，即信賴度 $= 1-\alpha$。若信賴度為 95%，所指的是 100 次的抽樣結果，當中有 95 次在我們所決定的區間中可以發現真實值，但是真實值也有 5 次在我們的區間中是發現不到的。因此當信賴度決定為 95%時，經由第六章所學過的標準常態分配表可以查出所對應的 Z 值為 1.96；我們也可以經由 t 分配表查出所對應的 t 值為 2.064（假設樣本數是 25）。比較常用的信賴度分別為 0.95、0.9 及 0.99。此外信賴度在不同書籍中也被稱為**信賴水準**(level of confidence)。

在抽樣技巧上，我們都假設母體是常態分配，只是由樣本的多寡以及是否給定母體標準差來決定使用 Z 分配或是 t 分配罷了。只要滿足以下兩種情況下之一，就是使用 Z 分配來決定信賴度的大小所對應的 Z 值：

1. 當母體標準差給定已知，不論樣本數多少，使用 Z 分配表。

2. 若母體標準差未知，但是樣本數為大樣本，使用 Z 分配表。

換言之，如果母體標準差未知，而且樣本數又是小樣本時，我們使用 t 分配表配合自由度為 $N-1$，來決定信賴度的大小所對應的 t 值。

至於抽樣誤差，它的來源來自樣本本身的差異，我們可以經由標準誤差 $\dfrac{\sigma}{\sqrt{n}}$ 或 $\dfrac{S}{\sqrt{n}}$ 來計算。以下為樣本最大誤差的計算公式：

$$E = Z_{\frac{1-\alpha}{2}} \times \frac{\sigma}{\sqrt{N}}$$

[式 7-1]

或

$$E = Z_{\frac{1-\alpha}{2}} \times \frac{S}{\sqrt{N}}$$ [式 7-2]

或

$$E = t_{\frac{\alpha}{2}} \times \frac{S}{\sqrt{N}}$$ [式 7-3]

其中 E 為最大誤差，S 為樣本標準差，N 為樣本數。

$Z_{\frac{1-\alpha}{2}}$ 為依照信賴度所決定的標準常態分配值。

$t_{\frac{\alpha}{2}}$ 為依照信賴度所決定的 t 分配值。

綜合以上所學的我們可以得到信賴度區間的計算公式如下：

$$信賴區間 = \bar{X} \pm \mathrm{E} = \bar{X} \pm Z_{\frac{1-\alpha}{2}} \times \frac{\sigma}{\sqrt{N}}$$ [式 7-4]

或

$$信賴區間 = \bar{X} \pm \mathrm{E} = \bar{X} \pm Z_{\frac{1-\alpha}{2}} \times \frac{S}{\sqrt{N}}$$ [式 7-5]

或

$$信賴區間 = \bar{X} \pm \mathrm{E} = \bar{X} \pm t_{\frac{\alpha}{2}} \times \frac{S}{\sqrt{N}}$$ [式 7-6]

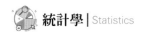
例題 7.1

假設消基會曾經針對全國果蔬進行檢驗,得知重金屬鎘 Cd 的 $\sigma = 5.5$。今彰化縣農會針對農產集散中心抽驗了六個來自可能受汙染的有機農場蔬菜,其 Cd 濃度如下:

Cd:21、38、12、15、14、8

試求 Cd 的 95%信賴區間?

解

步驟一: 首先 Cd 的 $\sigma = 5.5$,表示母體(此處為全國的果蔬)的標準差已知,所以我們選擇標準常態分配表來進行查表。

步驟二: 已知信賴度是 95%,所以可以查出所對應的標準常態分配 Z 值 $= 1.96$

步驟三: (計算點估計)樣本平均數

$$\bar{X} = \frac{21+38+12+15+14+8}{6} = 18$$

步驟四: 母體標準差 $\sigma = 5.5$ 已知;由於母體個數遠大於樣本數,母體標準差絕對比抽樣標準差精確,我們以母體標準差代替樣本標準差 S

步驟五: 因為母體標準差已知,使用[式 7-4]

$$信賴區間 = \bar{X} \pm E = \bar{X} \pm Z_{\frac{1-\alpha}{2}} \times \frac{\sigma}{\sqrt{N}}$$

$$= 18 \pm 1.96 \times \frac{5.5}{\sqrt{6}} = 18 \pm 4.4$$

步驟六： 畫出信賴區間圖

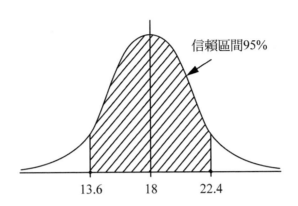

信賴區間95%

13.6　　　　18　　　　22.4

　例題 7.2

　　今彰化縣農會針對農產集散中心抽驗了六個來自可能受汙染的有機農場蔬菜，其 Cd 濃度如下：

　　Cd：21、38、12、15、14、8；試求 Cd 的 95%信賴區間？

解

步驟一： 首先 Cd 的 σ 未知，抽樣的樣本數只有 6 個為小樣本，所以我們選擇 t 分配表來進行查表。

步驟二： 已知信賴度是 95%，自由度是 5，所以可以查出所對應的 t 分配的 t 值=2.571。

步驟三： （計算點估計）樣本平均數

$$\bar{X} = \frac{21+38+12+15+14+8}{6} = 18$$

步驟四： 母體標準差未知，所以採用樣本標準差替代；計算樣本標準差

$$S = \sqrt{\frac{(21-18)^2+(38-18)^2+(12-18)^2+(15-18)^2+(14-18)^2+(8-18)^2}{6-1}}$$

$$=10.68$$

步驟五： 因為母體標準差未知，小樣本抽樣，我們選用[式 7-6]

$$信賴區間 = \bar{X} \pm E = \bar{X} \pm t_{\frac{\alpha}{2}} \times \frac{S}{\sqrt{N}} = 18 \pm 2.571 \times \frac{10.68}{\sqrt{6}}$$

$$= 18 \pm 11.21$$

步驟六： 畫出信賴區間圖

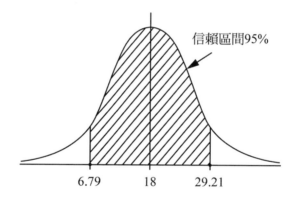

信賴區間95%

6.79　　　18　　　29.21

 例題 7.3

今彰化縣農會針對農產集散中心抽驗了 10,000 個來自可能受汙染的有機農場蔬菜，得知 Cd 的平均濃度為 15，樣本標準差為 2.13，試求 Cd 的 90%信賴區間？

解

步驟一： 首先 Cd 的 σ 未知，但抽樣的樣本數有 10,000 個，為大樣本抽樣。所以我們選擇標準常態分配表來進行查表。

步驟二： 已知信賴度是 90%，可以查出所對應的標準常態分配 Z 值
=1.645

步驟三： （計算點估計）已知樣本平均數 $\bar{X}=15$

步驟四： 母體標準差未知，但已知樣本標準差 $S=2.13$。

步驟五： 選用[式 7-5]；

$$信賴區間 = \bar{X} + E = \bar{X} \pm Z_{\frac{1-\alpha}{2}} \times \frac{S}{\sqrt{N}} = 15 \pm 1.645 \times \frac{2.13}{\sqrt{10000}}$$

$$= 15 \pm 0.035$$

步驟六： 畫出信賴區間圖

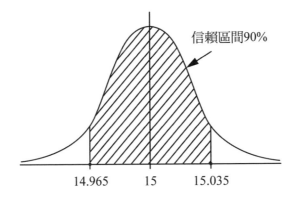

信賴區間90%

14.965　　15　　15.035

7-4-2　母體比例的區間估計

　　點估計除了估計母體平均數 μ 以外，還有一個常用的點估計量：就是以大樣本數來估計母體的比例 P。它的觀念和估計母體平均數一模一樣，只在於母體以比例做為計算參數時，與其母體以平均數有何對應關係？

定義 7-1：在母體比例的估計

　　樣本平均數 $= \bar{P}$（如果有以往經驗值 P，以此經驗值 P 代替 $\bar{P}$）

　　樣本最大誤差 $E = Z_{\frac{1-\alpha}{2}} \times \sqrt{\dfrac{\bar{P}(1-\bar{P})}{N}}$

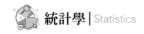
如此一來就可以將[式 7-4]至[式 7-6]改寫成以下的式子：

$$信賴區間 = \bar{P} \pm E = \bar{P} \pm Z_{\frac{1-\alpha}{2}} \times \sqrt{\frac{\bar{P}(1-\bar{P})}{N}}$$

[式 7-7]

 例題 7.4

自一批入學新生中抽出 60 名學生，發現其中有 9 名同學有心律不整的現象，試問該批新生發生心律不整之 90%的信賴區間？

 解

步驟一： 信賴度 90%，可以查出對應的標準常態分配值為 1.645

步驟二： $\bar{P} = \dfrac{9}{60} = 0.15$

步驟三： $E = \sqrt{\dfrac{0.15(1-0.15)}{60}}$

步驟四： 信賴區間 $= \bar{P} \pm E = \bar{P} \pm Z_{\frac{1-a}{2}} \times \sqrt{\dfrac{\bar{P}(1-\bar{P})}{N}}$

$$= 0.15 \pm 1.645 \times \sqrt{\frac{0.15 \times 0.85}{60}} = 0.15 \pm 0.076$$

7-4-3 各種用表時機總整理

一、討論平均數或比例題型：

（一）

1. 當 $n \geq 30$；使用常態分配 Z 表。

2. 當 $n < 30$，但母體標準差 σ 已知；使用常態分配 Z 表。

3. 當 $n < 30$ 且母體 σ 未知；使用 t 分配表。

4. 比例題型，大樣本抽樣($n > 30$)；使用常態分配 Z 表。

（二）

1. 平均數信賴區間，誤差與抽樣數：

(1) 母體資料已知或 σ 已知：

信賴區間：$\bar{x} \pm Z \times \dfrac{\sigma}{\sqrt{n}}$ ；最大誤差 $= Z \times \dfrac{\sigma}{\sqrt{n}}$ ；決定抽樣數

$= \left(\dfrac{Z \times \sigma}{容許誤差E} \right)^2$ ；標準誤差 $= \dfrac{\sigma}{\sqrt{n}}$

(2) 母體資料未知，σ 未知，但 $n \geq 30$：

信賴區間：$\bar{x} \pm Z \times \dfrac{S}{\sqrt{n}}$ ；最大誤差 $= Z \times \dfrac{S}{\sqrt{n}}$ ；決定抽樣數

$= \left(\dfrac{Z \times S}{容許誤差E} \right)^2$ ；標準誤差 $= \dfrac{S}{\sqrt{n}}$

(3) 母體資料未知，σ 未知，但 $n < 30$：

信賴區間：$\bar{x} \pm t \times \dfrac{S}{\sqrt{n}}$ ；最大誤差 $= t \times \dfrac{S}{\sqrt{n}}$ ；決定抽樣數

$= \left(\dfrac{Z \times S}{容許誤差E} \right)^2$ ；標準誤差 $= \dfrac{S}{\sqrt{n}}$

2. 比例題型信賴區間，誤差與抽樣數：

信賴區間 $= \bar{P} \pm Z \times \sqrt{\left(\dfrac{\bar{P} \times (1 - \bar{P})}{n} \right)}$ ；最大誤差 $= Z \times \sqrt{\left(\dfrac{\bar{P} \times (1 - \bar{P})}{n} \right)}$ ；

決定抽樣數 $= \left(\dfrac{Z}{容許誤差E} \right)^2 \times \bar{P} \times (1 - \bar{P})$ ；標準誤差 $= \sqrt{\left(\dfrac{\bar{P} \times (1 - \bar{P})}{n} \right)}$

3. 變異數與標準差的信賴區間：

變異數區間 $= \dfrac{(n-1) \times s^2}{\chi^2_右}$ 至 $\dfrac{(n-1) \times s^2}{\chi^2_左}$ ，標準差區間 $= \sqrt{\left(\dfrac{(n-1) \times s^2}{\chi^2_右} \right)}$

至 $\sqrt{\left(\dfrac{(n-1) \times s^2}{\chi^2_左} \right)}$

二、討論變異數題型：(請參見第 9 章) 使用卡方分配表

習 題

1. 請指出例題 7.1、例題 7.2 與例題 7.3 為何使用不同的機率分配表？

2. 捷運站隨機抽查了 7 個時段的旅客人數，觀察值如下：

289、326、264、318、36、269、352

試問：

(1) 每天平均旅客的 90%信賴區間為多少？

(2) 若要在 90%信賴度，抽樣誤差為 5，應抽樣之樣本數為若干？

3. 某公司生產外銷的罐裝強力膠，欲測試其產品之黏著力，在生產過程中每間隔一段時間，抽一樣本。以下有 27 罐強力膠的黏著力（磅）：

3.2、3.4、3.5、3.1、3.6、3.0、3.4、3.2、3.5、3.4、3.3、3.4、3.6、

3.5、3.7、3.1、3.4、3.4、3.4、3.3、3.2、3.4、3.5、3.1、3.6、3.0、

3.5

試求：

(1) 母體平均數 μ 的 99%信賴區間。

(2) 若要求信賴度是 99%，抽樣誤差為 0.1 磅，應抽多少罐樣本？

4. 某學校欲估計入學新生色盲的比例。若該校所期望估計的信賴度是 98%，誤差小於 0.05，試問以兩種情況下應抽出多少人來檢查？

(1) 依據過去的資料，P 大約是 0.01。

(2) 過去沒有調查過的經驗值，但先抽 50 位，計算出樣本平均數 $\bar{P} = 0.02$。

5. (1) $\bar{x} = 70.4$，$n = 36$，$\sigma^2 = 25$，求平均數的 95%信賴區間。

(2) $\bar{x} = 123.6$，$n = 17$，$s = 5.5$，求平均數的 90%信賴區間。

(3) $\bar{x} = 98.6$，$n = 40$，$\sigma = 2$，求平均數的 99%信賴區間。

(4) $\bar{x} = 84.2$ ， $n = 40$ ， $s^2 = 53.29$ ，求平均數的 95%信賴區間。

(5) $P = 0.84$ ， $n = 50$ ，求比例的 95%信賴區間。

6. 抽樣的樣本數為 35 位，發現當中有 32 位支持巴西隊，求巴西隊支持率的 99%信賴區間。

7. 抽出某校 50 位學生為一隨機樣本，其平均身高為 165 公分，標準差為 5 公分，求學生平均身高的 95%信賴區間及最大誤差？

8. 在一次選舉活動中，由 500 位選民的樣本中調查得知有 174 位選民，表示將支持某位候選人，請求出支持這位候選人的選民占全體選民比例的 99%信賴區間？

9. 在一次選舉活動中，由 180 位選民的樣本中調查得知有 74 位選民，表示將支持某位候選人，請求出支持這位候選人的選民占全體選民比例的 90%信賴區間？

10. 某貨運行假定其行李包裹的重量呈現常態分配，今處理 20 件行李包裹，其平均重量為 33.65 g 及標準差為 1.8144 g；試求母體平均數之 99%的信賴區間與變異數之 95%的信賴區間。

11. 抽出某校 50 位學生為一隨機樣本，其平均身高為 165.21 公分，標準差為 5.267 公分，求學生平均身高的 95%信賴區間及變異數之 99%的信賴區間？

12. 市政府的消費者保護部門隨機抽驗了 350 罐樣本，得出其樣本平均重量為 310 公克，樣本標準差為 7.5 公克，在 0.01 的顯著水準之下求其信賴水準與信賴區間。

13. 市政府的消費者保護部門隨機抽驗了 530 罐樣本，得出其樣本平均重量為 1300 公克，樣本標準差為 5.7 公克，在 0.015 的顯著水準之下求其信賴水準與信賴區間。

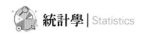

14. 欲估計母體平均數，設定估計的誤差有 92% 的機率會小於 18，若標準差為 250，應抽樣多少樣本？

15. 欲估計母體平均數，設定估計的誤差有 97% 的機率會小於 25，若標準差為 180，應抽樣多少樣本？

16. 某校抽出 50 位同學為一隨機樣本，其平均身高為 174.5 公分，標準差為 6.9 公分，問
    (1) 在 98% 的信賴水準之下，求標準誤差？
    (2) 求該校學生平均身高的 98% 的信賴區間。

17. 假設農委會去年已經針對全國果蔬進行檢驗，得知 Cd 的 $\sigma = 5.5$。今年消基會針對彰化縣的農產集散中心檢驗了 20 個可能受汙染的水耕蔬菜，得知

$$Cd：\overline{X} = 15，s = 2.13$$

$$Zn：\overline{X} = 175，s = 15.75$$

    (1) 求 Cd 的 90% 信賴區間。
    (2) 求 Zn 的 95% 信賴區間。

CHAPTER

08

推論統計（二）
假設檢定

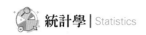
 8-1　緒　論

　　為何要做假設檢定？它與點估計及信賴區間有何關聯？是否在你（妳）心中產生出一連串的疑問呢？

　　要回答以上的問題，讓我們在再看看「點估計」與「區間估計」；我們都已經知道點估計只有一個值，有時所代表的訊息過於薄弱，可以解釋母體的部分有限（至少因為抽樣所產生的誤差就沒有考慮進去）。所以擴展出「區間估計」的方法將可以容忍的情況以及抽樣所產生的誤差合併考量，如此作的目的只有一個：可以將母體解釋得更清楚。進一步來說，我們如果經由一個抽樣調查得到一個點估計的結果，倘若母體的平均數或是理想的設定值已知，我們想看看或是檢驗這個點估計的結果是否與母體平均數「同質」，或是我們的信賴區間是否包含了真實值。因此假設檢定的目的就是再擴張用信賴區間來解釋母體的功能。

　　「聖經上提到一位使徒，他是一位漁夫，當時他在一個海灣捕魚，抓了一整個晚上，連一條魚也沒有，但是耶穌指示他到另一處去試試，結果捕到的魚，多到連船都裝不下⋯」。我們就用故事中所提到的「魚網」和「魚」做為例子。可以將「母體的信賴區間」看作那張「魚網」，而「估計值」恰如那群或那尾想要捕捉的「魚」。我們都知道下網不見得抓得到魚，那是因為以母體參數值為中心所形成的信賴區間，它不一定包含我們抽樣所做出的點估計（倘若以 95%的母體信賴區間為例，代表在 100 次的抽樣中有 95 次可以包含到對應的點估計值，但也有 5 次是沒有包含到的）。現在就讓我們來模擬捕魚的動作。第一步：先看看我們要抓什麼樣的魚（統計學就是先做假設）；第二步：選定一張合適的魚網（統計學就是決定母體信賴區間的大小）；第三步：選定下網的地點（統計學就是在進行抽樣，計算出點估計值與抽樣誤差）；第四步：把網拉起，看看有沒有捕到魚（統計學就是依據抽樣結果與假設比較，作出結論）。

8-2 假設與檢定

綜合以上所說的內容，可以歸納出「假設檢定」的四個階段：

第一階段： 做出虛無假設與對立假設。

第二階段： 依照信賴度來決定信賴區間的信賴上、下限，用以劃分出拒絕區與信賴區間。

第三階段： 依據樣本的點估計與真實值的差距，除上標準誤差換算，得到換算 Z 值或換算 t 值。

第四階段： 檢定換算 Z 值或換算 t 值是否落在信賴區間當中；如果落在信賴區間，我們接受虛無假設，拒絕對立假設；反之，如果落在拒絕區中，我們就拒絕虛無假設，接受對立假設。

8-2-1 虛無假設與對立假設

所謂「虛無假設」，統計學上是以「H_0」表示；所謂「對立假設」，統計學上是以「H_1」表示。

「虛無假設 H_0」綜觀而言，有三種：$\mu = \mu_0$；$\mu \le \mu_0$ 及 $\mu \ge \mu_0$；「對立假設 H_1」，對應上也是三種：$\mu \ne \mu_0$；$\mu > \mu_0$ 及 $\mu < \mu_0$；其中的 μ_0 就是真實值。

如果是依照它們的圖形而言，也歸納出三種情形：

雙尾假設：
$\begin{cases} H_0 : \mu = \mu_0 \ (樣本與母體平均數同質) \\ H_1 : \mu \ne \mu_0 \ (樣本與母體平均數不同質) \end{cases}$

右尾假設：
$\begin{cases} H_0 : \mu \le \mu_0 \ (樣本平均不大於母體平均數) \\ H_1 : \mu > \mu_0 \ (樣本平均大於母體平均數) \end{cases}$

左尾假設：
$\begin{cases} H_0 : \mu \ge \mu_0 \ (樣本平均不小於母體平均數) \\ H_1 : \mu < \mu_0 \ (樣本平均小於母體平均數) \end{cases}$

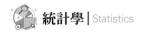

8-2-2 決定信賴上、下限

由信賴度 $1-\alpha$ 及樣本數 N（或是自由度 $N-1$）決定信賴上、下限。

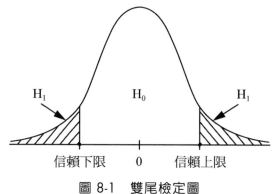

圖 8-1　雙尾檢定圖

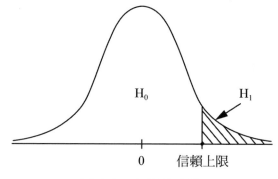

圖 8-2　右尾檢定圖

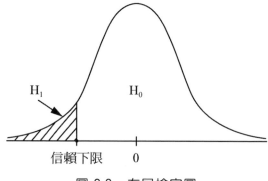

圖 8-3　左尾檢定圖

8-2-3 標準化換算 Z^*（或 t^*）

由樣本估計值 $\bar{X}$ 與抽樣誤差 $\dfrac{\sigma}{\sqrt{N}}$（或 $\dfrac{S}{\sqrt{N}}$）換算出常態標準值

$Z^* = \dfrac{\bar{X} - \mu_0}{\sigma / \sqrt{N}}$ 或 $\dfrac{\bar{X} - \mu_0}{S / \sqrt{N}}$（或 t 分配值 $t^* = \dfrac{\bar{X} - \mu_0}{S / \sqrt{N}}$）

8-2-4 檢定

依照結論可以分成兩大類：

（一）第一類：接受虛無假設，拒絕對立假設

1. 雙尾檢定圖

或

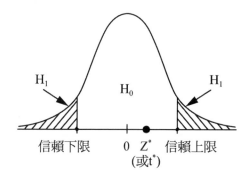
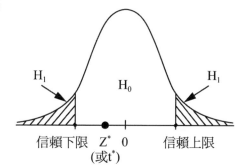

2. 右尾檢定圖

或

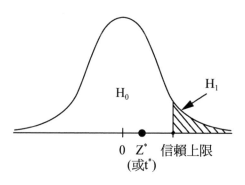
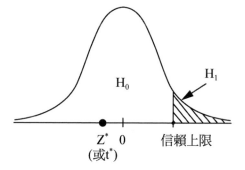

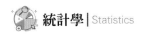
3. 左尾檢定圖

或

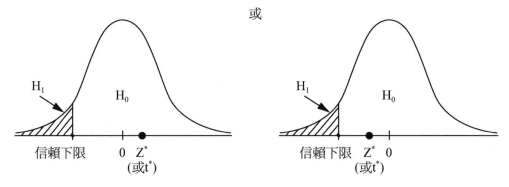

（二）第二類：接受對立假設，拒絕虛無假設

1. 雙尾檢定圖

或

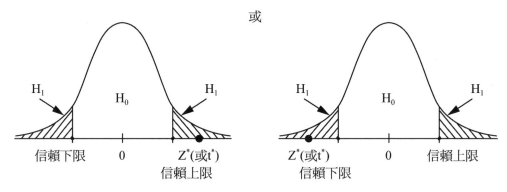

2. 右尾檢定圖

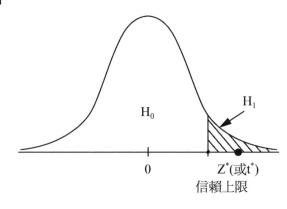

3. 左尾檢定圖

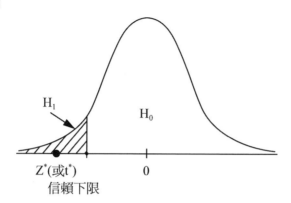

H_1

H_0

$Z^*(\text{或}t^*)$

信賴下限

0

 ## 8-3　實際問題題解

　　假設的秘訣：作假設的訣竅在於「題意」。依題意可以決定「單尾」或「雙尾」；一般的題目也可概分成以下幾類：

Case1： 只要題目中有比較量詞者，定義成「單尾檢定」。

　　例如：重、高、大、強、多、以上等，屬「右尾檢定」；輕、低、小、弱、少、以下等，屬「左尾檢定」（當然結果仍須由觀察值來決定）。

Case2： 題目中無法有效找出量詞，只提到「有關」、「無關」、「有無差異」、「是否不同」等，就是屬「雙尾檢定」。

Case3： 能扮演：

1. 檢查者；前題可以站在「不合格」的檢查角度進行假設。

2. 實驗者；前題可以站在「有效」、「不同」的實驗角度進行假設。

3. 消費者：前題可以站在「不合理」、「不可能」的角度進行假設。

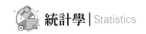

但不論角色扮演的角度如何,「實驗的結果」才是解題的關鍵。古話常說「眼見為真」,就是將你(妳)看到的事實放在「對立假設」之中,利用統計學的「檢定」來解讀「真」、「偽」。

 例題 8.1

如果自來水的含菌量在 200 單位以下者,可以生飲。今某個城市自來水事業處的生菌檢測員,欲測定該市的自來水質是否合於生飲標準,隨機抽驗了 100 個自來水的樣本。發現自來水含菌量的樣本平均數 $\overline{X} = 201$ 單位,樣本標準差 $s = 13.14$ 單位,請問結論為何?(假設 $\alpha = 0.05$)

步驟一: 進行假設。從題意的「以下」,可以斷定要做單尾檢定,「檢查者」看見檢測結果 201 超過 200,對立假設是「不合格」;即含菌量平均值高於 200 單位。

我們將寫成右尾假設 $\begin{cases} H_0 : \mu \le 200 \\ H_1 : \mu > 200 \end{cases}$

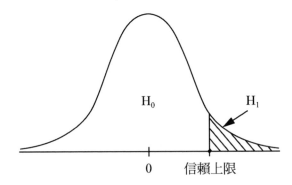

步驟二： 雖然母體標準差未知，但由於有 100 個樣本，屬於大樣本抽樣，所以使用標準常態分配來查表。$\alpha = 0.05$，信賴度 $= 1 - \alpha = 0.95$，我們可以查出 $Z_{1-\alpha} = 1.645$，因此決定出信賴上限 $= 1.645$，加上信賴上限的右尾檢定圖如下：

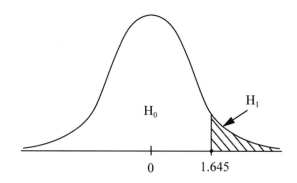

步驟三： 計算樣本平均與母體平均的差距，並以標準誤差值進行數值的標準化：

$$Z^* = \frac{\overline{X} - \mu_0}{S \big/ \sqrt{N}} = \frac{201 - 200}{13.14 \big/ \sqrt{100}} = 0.76$$

步驟四：

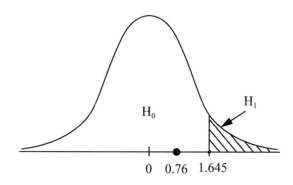

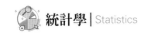
結論： 我們可以輕易發現，Z^*落在信賴區間。所以我們接受虛無假設，
　　　拒絕對立假設。
　　　即自來水中的含菌量在 200 單位以下，市民可以安心飲用。

 例題 8.2

　　如果自來水的含菌量在 200 單位以下者，可以生飲。今某個城
市自來水事業處的生菌檢測員，欲測定該市的自來水質是否合於生飲
標準，隨機抽驗了 100 個自來水的樣本；發現自來水含菌量的樣本平
均數 $\bar{X} = 205$ 單位，樣本標準差 $s = 13.14$ 單位，請問結論為何？（假設
$\alpha = 0.05$）

 解

步驟一： 進行假設。從題意的「以下」，可以斷定要做單尾檢定，「檢查
　　　　　者」看見檢測值 205 超過 200，對立假設是「不合格」；即含菌
　　　　　量平均值高於 200 單位。

我們將寫成右尾假設 $\begin{cases} H_0 : \mu \leq 200 \\ H_1 : \mu > 200 \end{cases}$

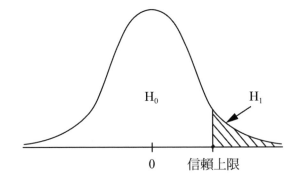

步驟二： 雖然母體標準差未知，但由於有 100 個樣本，屬於大樣本抽樣，所以使用標準常態分配來查表。$\alpha = 0.05$；信賴度 $= 1 - \alpha = 0.95$，我們可以查出 $Z_{1-\alpha} = 1.645$，因此決定出信賴上限 $= 1.645$，加上信賴上限的右尾檢定圖如下：

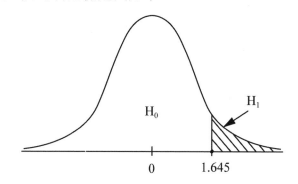

步驟三： 計算樣本平均與母體平均的差距，並以標準誤差值進行數值的標準化：

$$Z^* = \frac{\overline{X} - \mu_0}{S / \sqrt{N}} = \frac{205 - 200}{13.14 / \sqrt{100}} = 3.81$$

步驟四：

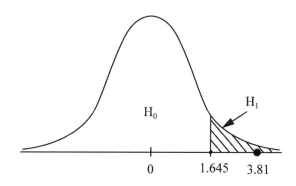

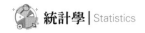

結論： 我們可以輕易發現，Z^* 落在拒絕區內。所以我們接受對立假設，拒絕虛無假設。

即自來水中的含菌量在 200 單位以上，自來水水質不合格。

 例題 8.3

某廣告號稱「使用泰山馬在五個月內可以增強臂力 15 磅」，今隨機抽了 35 位顧客，發現平均臂力增強 14 磅，樣本標準差為 4.5 磅，請問這份廣告有無誇張？（假設 $\alpha = 0.05$）

 解

步驟一： 進行假設；從題意的「增強」，可以斷定要做單尾檢定，檢測值 14，小於廣告號稱的 15；對立假設是「不可能」，即增強臂力平均值低於 15 磅。

我們將寫成左尾假設 $\begin{cases} H_0 : \mu \geq 15 \\ H_1 : \mu < 15 \end{cases}$

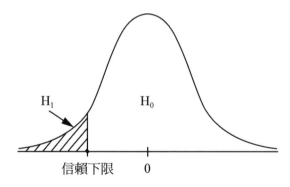

步驟二： 雖然母體標準差未知，但由於有 35 個樣本，視為大樣本抽樣，所以使用標準常態分配來查表。$\alpha = 0.05$；信賴度 $= 1 - \alpha = 0.95$，我們可以查出 $Z_{1-\alpha} = 1.645$，因此決定出信賴下限 $= -1.645$，加上信賴下限的左尾檢定圖如下：

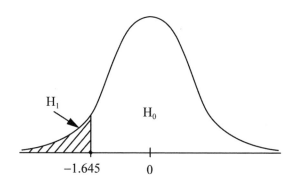

步驟三： 計算樣本平均與母體平均的差距，並以標準誤差值進行數值的標準化：

$$Z^* = \frac{\overline{X} - \mu_0}{S / \sqrt{N}} = \frac{14 - 15}{4.5 / \sqrt{35}} = -1.31$$

步驟四：

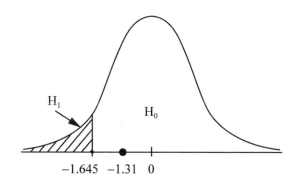

結論： 我們可以輕易發現，Z^*落在信賴區內。所以我們接受虛無假設，拒絕對立假設。

泰山馬的廣告不誇張。

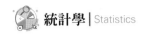

 例題 8.4

一項有關血液檢驗是否可以發現癌細胞的研究,發展出一種藥劑,當平均分數在 14 以上,可以判定有癌細胞,在 14 以下則視為正常,但是當平均分數等於 14 時,則無法判讀。今將 10mg 的藥劑注入 29 隻白老鼠體內以後,對每隻白老鼠做測試,求得平均分數 $\bar{X} = 14.5$,樣本標準差 $S = 2.5$,請問這種藥劑是否可以有效的檢驗出癌細胞?(假設 $\alpha = 0.05$)

解

步驟一: 進行假設。從題意的「以上」和「以下」,可以斷定要做雙尾檢定,檢測值 14.5 不等於 14,對立假設是「有效的」;即藥劑是有效的;即數值決不會是 14。

我們將寫成雙尾假設 $\begin{cases} H_0 : \mu = 14 \\ H_1 : \mu \neq 14 \end{cases}$

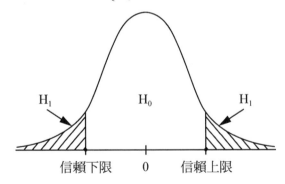

步驟二: 雖然母體標準差未知,但由於有 29 個樣本,視為小樣本抽樣,所以使用 t 分配來查表。$\alpha = 0.05$,自由度 $= 28$,我們可以查出 $t_\alpha = 2.048$,因此決定出信賴下限 $= -2.048$,加上信賴上限 $= 2.048$ 的右尾檢定圖如下:

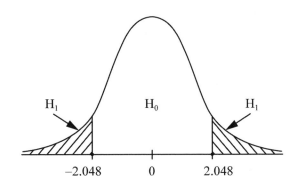

步驟三： 計算樣本平均與母體平均的差距，並以標準誤差值進行數值的標準化：

$$t^* = \frac{\overline{X} - \mu_0}{S/\sqrt{N}} = \frac{14.5 - 14}{2.5/\sqrt{29}} = 1.08$$

步驟四：

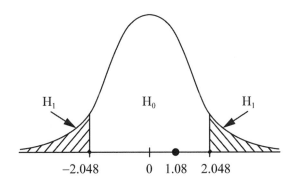

結論： 我們可以輕易發現，t^*落在信賴區內，所以我們接受虛無假設，拒絕對立假設。

該藥劑無法檢驗出癌細胞。

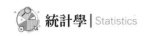

 8-4 單母體比例題型假設檢定

單母體比例檢定的假設檢定過程與單母體平均數檢定,大同小異,只是臨界值查表固定使用 Z 表,落點公式說明如下:

$$比例題型落點公式 = \frac{(P - P_0)}{\sqrt{\left(\frac{(P_0 \times (1 - P_0))}{n}\right)}} \; ; 其中 P_0 為基準值$$

 例題 8.5

調查有儲蓄的家庭計有 230 家,無儲蓄的家庭計有 220 家,請以顯著水準 0.05 來檢定有儲蓄的家庭比例是否高於 50%?

 解

總戶數 n=230+220=450

因此有儲蓄的戶數比例 $P = \dfrac{230}{450} \approx 0.511$

基準值 $P_0 = 50\% = 0.5$

步驟一: 進行假設。從題意的『高於』,可以斷定要做單尾檢定,並且計算出的有儲蓄的戶數 $P > P_0$,對立假設是「大於」;即有儲蓄的戶數高於 50%。

我們將寫成右尾假設

$$\begin{cases} H_0 : P \leq P_0 \\ H_1 : P > P_0 \end{cases}$$

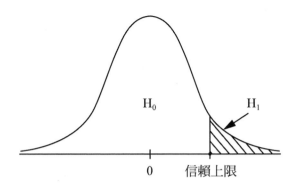

步驟二： 使用標準常態分配來查表。$\alpha = 0.05$，信賴度 $= 1 - \alpha = 0.95$，可以查出 $Z_{1-\alpha} = 1.645$，

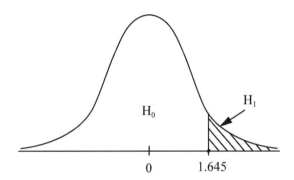

步驟三： 套用公式計算落點：

$$\frac{(P - P_0)}{\sqrt{\left(\dfrac{(P_0 \times (1 - P_0))}{n}\right)}} = \frac{(0.511 - 0.5)}{\sqrt{\dfrac{0.5 \times (1 - 0.5)}{450}}} \approx 0.4667$$

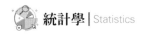

步驟四：

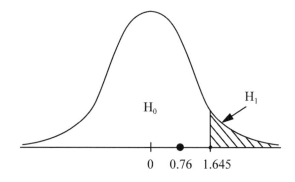

結論是接受虛無假設，拒絕對立假設。

即有儲蓄的家庭比例並未高於 50%。

 8-5　型 I 與型 II 誤差

　　從例題 8.1 和例題 8.2，你（妳）是否產生一個疑問呢？一份水質的含菌量 201 單位可以生飲，但另一份水質的含菌量 205 單位卻被判定為不合格！究竟其中發生了什麼事呢？

　　因為信賴度並不是 100%，所以如果顯著水準為 α，則信賴度就是 $1-\alpha$；換言之，倘若我們以 $1-\alpha$ 信賴度接受了 H_0（或 H_1），那麼我們就有可能以 α 的機率，誤將 H_1（或 H_0）拒絕，而做出了錯誤的結論。我們將它們寫成下表：

決		真實情況	
		虛無假設為真	虛無假設為假
	否定虛無假設	型 I 錯誤	正確決策
策	決定虛無假設	正確決策	型 II 錯誤

因此我們在下結論時，所謂的「接受虛無假設」，並不代表已經證實了虛無假設，只是我們的抽樣不足以否定虛無假設罷了！這是一個很重要的認知，請讀者特別留意。

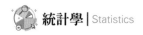

附錄 8-a　假設檢定標準解題步驟（單母體平均數與比例題型）

步驟一： 資料與判讀

基本資料區　　　　　　　　　基準值 U0=_____（或 P0=_____）

・X 爸（或比例 P）　　　　關鍵字：_____

・S（或是 1-P）

・樣本數 n　　　　　　　　決定「單尾」或是「雙尾」

・信賴度（或 α）　　　　　（請參見課本 P.151）

步驟二： 寫出假設（請參見課本 P.147）

・I----H0:

・II---H1:

・口訣備註：看見的放在 H_1（請參見課本 P.152 上方）

步驟三： 畫檢定圖，定臨界值（請參見課本 P.148~151）

・勿忘『等效圖』（請參見課本 P.95~105）

・查 Z 表或 t 表（臨界值右正左負）

步驟四： 落點計算（請參見課本 P.149 上方）

・平均數落點公式 $\dfrac{(\overline{x}-U_0)}{\left(\dfrac{S}{\sqrt{n}}\right)}$

或

・比例題型落點公式 $\dfrac{(P-P_0)}{\sqrt{\dfrac{P_0\times(1-P_0)}{n}}}$

步驟五：結論

- 統計結論

- 實質結論

附錄 8-b　假設檢定思路

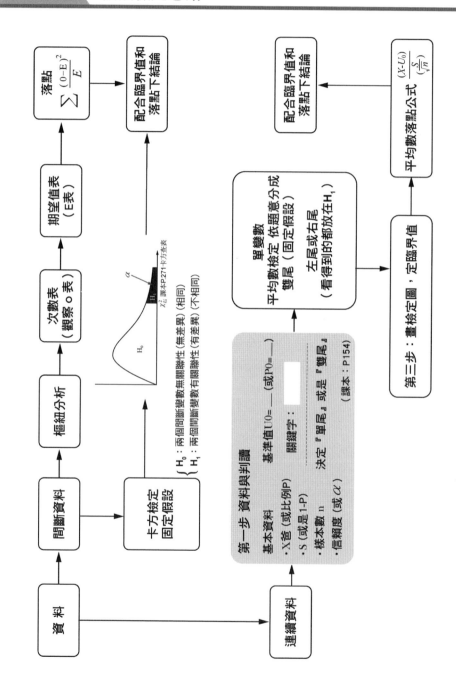

習 題

1. 如果礦泉水的含菌量在 200 單位以下者，代表合格。今某個城市的衛生單位，欲測定該市的礦泉水水質是否合於標準，隨機抽驗了 9 個礦泉水的樣本如下：

   180、190、215、195、185、200、215、195、180

   請問結論為何？ 【假設 $\alpha = 0.05$】

2. 設正常甜食的糖精含量平均為 7.25（太高或太低都不宜），今某產品連續抽樣八次，得知其糖精的平均含量 $\bar{X} = 7.27$，$s = 0.03$，請以 $\alpha = 0.05$ 的顯著水準，判定該產品的糖精含量是否正常？

3. 假定於民國 60 年普查全國成年女子的身高，測知平均身高為 155cm，標準差為 5cm。由於經濟發展、營養進步，目前身高應有提升，今從某護專夜二專誠正兩班畢業班中隨機抽取 36 名同學，發現平均身高為 157.5cm，標準差為 4.8cm，請問可否支持身高已提高之結論？

4. 某健身器材廣告號稱「使用五個月內可以減輕 25 公斤」，隨機抽取了 25 個顧客，發現 $\bar{X} = 26$ 公斤，$s = 3.5$ 公斤，這項廣告有無誇張？

   【設 $\alpha = 0.01$】

5. 食品公司製造的某種罐頭之重量呈常態分配，公司從其中抽出 12 罐，得出其平均重量為 11.967 磅，標準差為 0.2103，以下各小題之信賴水準均設為 0.975；

   (1) 求其顯著水準。

   (2) 依公司規定只要重量超過 11.66 磅就可以出貨，請問公司可以出貨嗎？

   【勿忘說明可能犯了第 I 型或第 II 型錯誤】

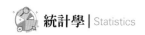

(3) 假設這批罐頭在海關，海關規定重量要 12 磅以上才可以出貨，請問海關可以拒絕放行嗎？

【勿忘說明可能犯了第 I 型或第 II 型錯誤】

(4) 如果海關依長期的經驗得知罐頭的變異數為 0.04 的常態分配，除了重量合格之外，罐頭的變異數也要小於 0.04 才可以放行；假設在罐頭重量已經合乎出口的條件下，請問海關可以拒絕放行嗎？

【勿忘說明可能犯了第 I 型或第 II 型錯誤】

6. 器材公司製造的某種浮板之重量呈常態分配，公司從其中抽出 20 片，得出其平均重量為 11.967 磅，標準差為 0.2103，以下各小題之顯著水準均設為 0.025；

(1) 求其信賴水準。

(2) 依公司規定只要重量小於 12 磅就可以出貨，請問公司可以出貨嗎？ 【勿忘說明可能犯了第 I 型或第 II 型錯誤】

(3) 假設這批浮板在海關，海關規定重量要 11.66 磅以下才可以出貨，請問海關可以拒絕放行嗎？

【勿忘說明可能犯了第 I 型或第 II 型錯誤】

(4) 如果海關依長期的經驗得知浮板的變異數為 0.09 的常態分配，除了重量合格之外，浮板的變異數也要小於 0.09 才可以放行；假設在浮板重量已經合乎出口的條件下，請問海關可以允許放行嗎？

【勿忘說明可能犯了第 I 型或第 II 型錯誤】

7. 某食品公司製造的某種罐頭上標示著容量是 320 公克，市政府的消費者保護部門隨機抽驗了 350 罐，得出其樣本平均重量為 310 公克，樣本標準差為 7.5 公克，在 0.01 的顯著水準之下，回答以下各題：

(1) 求其信賴水準與信賴區間。

(2) 請檢定這家食品公司是否欺騙消費者？

【勿忘說明可能犯了第 I 型或第 II 型錯誤】

8. 某環保團體發言人宣稱：「在這個工業區內，遵守政府制訂的空氣汙染標準法規的工廠不到 60%」，但是由於環保局的官員曾在此工業區大力的宣傳環保的重要，也有重罰的法令，因此相信至少有 60%的工廠是遵守政府法規的。於是環保局從工業區中抽檢了 60 家工廠，發現其中有 37 家是遵守政府法規的，環保局想知道真正的比率是否可以支持他的想法？

9. 一項有關威而鋼是否可以產生助力的研究中，將 10mg 的藥劑注入 25 隻烏龜體內以後，對每隻烏龜作測驗。求得平均分數 $\overline{X} = 15$，$s = 2.5$，

   (1) 求 95%的信賴區間。

   (2) 假設平均分數在 14 以上可以判定威而鋼有效，請問結論為何？

10. 針對以下三小題，請分別提出你（妳）的虛無假設及對立假設，並分別繪出其檢定圖。

    (1) 某城市的衛生局認為含氧量越高的水質越純淨，欲測定水源地的含氧量是否高於 1000 個單位以上，問衛生局該如何進行假設？

    (2) 某廣告號稱「四個月減輕五公斤」，我們應如何進行假設來判定廣告內容有無誇大？

    (3) 如果平均汙染指數在 12 以上，就認定防治汙染無效。今有一負責發明消除汙染產品的實驗機構，他們應提出何種假設，才可證明他的產品可以防治汙染？

11. 從東湖地區隨機抽取一些家庭調查。發現 288 戶，家中有電腦，但也有 962 戶，家中還沒有電腦。請問在 0.01 的顯著水準之下，是否家中擁有電腦的比例高於 20%？

【提示：請寫出整個假設檢定的推論過程】

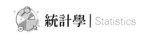

12. 某研究顯示學生學期成績及格與否和讀書時間多寡有關。今康寧資管科隨機抽取了 70 位同學為樣本，發現其讀書的時間標準差為 5.33 小時，請以顯著水準 $\alpha = 0.05$ 之下，檢定標準差多於 4 小時之假設。

【提示：請寫出整個假設檢定的推論過程】

【勿忘說明可能犯了第 I 型或第 II 型錯誤】

13. 某食品公司製造的某種罐頭上標示著容量是 26 公克，市政府的消費者保護部門隨機抽驗了 125 罐，得出其樣本平均重量為 28 公克，樣本變異數為 3.77 公克，在 0.01 的顯著水準之下，檢定這家食品公司是否欺騙消費者？

【提示：請寫出整個假設檢定的推論過程】

【勿忘說明可能犯了第 I 型或第 II 型錯誤】

14. 如果自來水的含菌量在 200 單位以下者，可以生飲。今某個城市的自來水事業處，欲測定該市的自來水質是否合於生飲標準，隨機抽驗了 20 個自來水的樣本，發現自來水含菌量的樣本平均數 $\overline{X} = 202$ 單位，樣本標準差 $s = 13.14$ 單位，請問結論為何？　【假設 $\alpha = 0.01$】

15. 某廣告號稱「使用泰山馬在五個月內可以增強臂力 15 磅」，今隨機抽取了 35 個顧客，發現臂力 $\overline{X} = 14$ 磅，$s = 4.5$ 磅，請問這項廣告有無誇張？　【假設 $\alpha = 0.05$】

16. 一項有關血液檢驗是否可以發現癌細胞的研究，發展出一種藥劑，當平均分數在 14 以上可以判定有癌細胞，在 14 以下則可以判定正常，但平均分數等於 14 時，則無法判斷。今將 10mg 的藥劑注入 29 隻白老鼠體內以後，對每隻白老鼠作測驗。求得平均分數 $\overline{X} = 14.5$，$s = 2.5$，請問該藥劑是否可以有效檢驗有無癌細胞？

【假設 $\alpha = 0.025$】

17. 如果自來水的含菌量在 200 單位以下者，可以生飲。今某個城市的自來水事業處，欲測定該市的自來水質是否合於生飲標準，隨機抽驗了 100 個自來水的樣本。發現自來水含菌量的樣本平均數 $\overline{X} = 195$ 單位，樣本標準差 $s = 13.14$ 單位，請問結論為何？　【假設 $\alpha = 0.05$】

18. 假設消基會檢驗了七個可能受汙染的水耕蔬菜，其 Cd 與 Zn 之濃度如下：

    Cd：21、38、12、15、14、8、18

    Zn：140、190、130、150、160、140、210

    (1) 求 Cd 的 95%信賴區間。

    (2) 求 Zn 的 95%信賴區間。

19. 如果自來水的含菌量在 200 單位以下者，可以生飲。今某個城市的衛生單位，欲測定該市的自來水質是否合於生飲標準，隨機抽驗了 12 個自來水的樣本如下：

    180、190、215、195、185、200、215、195、180、176、169、160

    請問結論為何？　　　　　　　　　　　　　　　　【假設 $\alpha = 0.05$】

20. 假設農委會去年已經針對全國果蔬進行檢驗，得知 Cd 的 $\sigma = 5.5$。

    今抽驗了六個可能受汙染的水耕蔬菜，其 Cd 濃度如下：

    Cd：21、38、12、15、14、8；試求 Cd 的 95%信賴區間。

21. 某減肥廣告號稱「五個月內可以減輕 28 公斤」，隨機抽取了 32 個顧客，發現 $\overline{X} = 26$ 公斤，$s = 3.5$ 公斤，這項廣告有無誇張？

    　　　　　　　　　　　　　　　　　　　　　　　　【設 $\alpha = 0.05$】

22. 假定於民國 60 年普查全國成年女子的身高，測知平均身高為 155cm，標準差為 5cm。由於經濟發展、營養進步，目前身高應有提升，今從夜二專兩班畢業班中隨機抽取 26 名同學，發現平均身高為 160cm，標準差為 5cm，

    (1) 請問可否支持身高已提高之結論？

    (2) 請求出 90%的信賴區間。

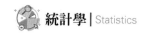
23. 設正常人血蛋白含量平均為 7.25（太高或太低都不宜），今某病人連續驗血 32 次，得知其血蛋白 $\overline{X} = 7.27$，$s = 0.15$，請以 $\alpha = 0.1$ 的顯著水準，判定病人是否正常？

CHAPTER

09

推論統計（三）
卡方分配

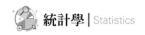

 9-1　緒　論

　　我們前幾章所討論的內容都是平均數的信賴區間和假設檢定，固然平均數相當精確，但是過大的變異數卻可能造成很大的誤差。如果以生產的角度來看，平均生產的品質可能很好，但是變異很大時，代表生產品質不一致，容易產生過多的不良品，因此變異數的檢定和信賴區間也是一個重要的課題。而變異數的檢定所使用的機率分配不同於檢定平均數所使用的常態分配與 t 分配，而是使用左右不對稱的卡方分配。

 9-2　何謂卡方分配

　　卡方分配是由常態分配演化出來的，但常態分配是一種對稱型的機率分配，而卡方分配則是一種不對稱型的機率分配。另外卡方分配的型態與自由度有關，自由度若是不同，卡方分配的型態也會跟著不同，當自由度越大時，卡方分配就會越接近常態分配，如圖 9-1 所示。

　　若從一呈常態分配的母體中每次隨機抽取一個 x，並將其轉化成 Z 分數，如此重複進行多次，則最後將形成一平均數為 0、標準差為 1 的標準常態分配。接著再從這標準常態分配中隨機抽取一個 Z 分數，然後加以平方，計為 x_1^2，如此再重複進行多次，則可得無數個 x_1^2，此時 $x_1^2 = Z^2$，而這些 x_1^2 的次數分配將形成一自由度為 1 的 χ^2 分配，我們稱它做自由度為 1 的卡方分配。

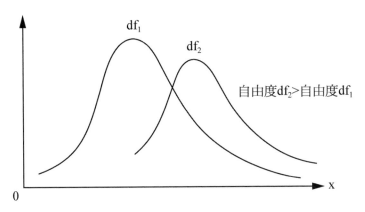

圖 9-1　不同自由度下的卡方分配

　　若是自一個呈常態分配的母體中每次隨機抽取二個 x，並將這兩個 x 都轉化成 Z 分數，加以平方後，再將兩個 Z^2 相加，即得 $x_2^2 = Z_1^2 + Z_2^2$，如此重複進行多次，則可得無數個 x_2^2，這些 x_2^2 的次數分配將形成一自由度為 2 的 χ^2 分配，我們稱它做自由度為 2 的卡方分配。

　　依此類推，若是自一個呈常態分配的母體中每次隨機抽取 n 個 x，並將這 n 個 x 都轉化成 Z 分數，然後加以平方，再將這 n 個 Z^2 相加，即得 $x_n^2 = Z_1^2 + Z_2^2 + \cdots + Z_n^2$，如此重複進行多次，則可得無數個 x_n^2，這些 x_n^2 的次數分配將形成一自由度為 n 的 χ^2 分配，我們稱它做自由度為 n 的卡方分配。

 例題 9.1

　　根據附錄之 χ^2 分配表，求出在自由度為 5 的情況下，$P(\chi^2 \geq k) = 0.025$ 的臨界值 $k = ?$

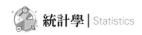
 因為 $d.f. = 5$ 且 $P(\chi^2 \geq k) = 0.025$，

故查表得 $k = 12.833$

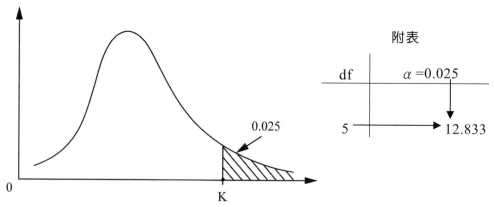

例題 9.2

根據附錄之 χ^2 分配表，求出在自由度為 20 的情況下，$P(\chi^2 \geq k) = 0.1$ 的臨界值 $k = ?$

 因為 $d.f. = 20$ 且 $P(\chi^2 \geq k) = 0.1$，

故查表得 $k = 28.412$。

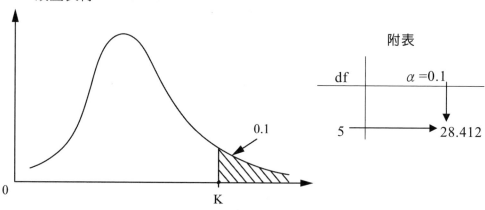

9-2-1 卡方分配的特性有以下三個

1. 卡方分配為不對稱圖形

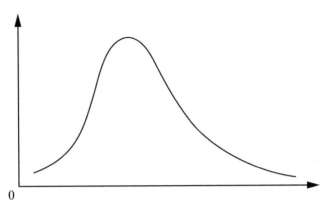

圖 9-2 卡方分配圖

2. 所有的卡方值都是正值。

3. 當自由度不同時，它的分布也會不同。

9-2-2 卡方分配

假設母體為常態分配，且其母體變異數為 σ^2。隨機抽出 N 個獨立的樣本，得到樣本變異數為 S^2，則可以得到卡方分配的數學方程式：

$$\chi^2 = \frac{(N-1) \times S^2}{\sigma^2}$$

其中：N 為樣本數；σ^2 是母體變異數；S^2 是樣本變異數。

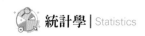
 9-3　變異數的信賴區間

我們從卡方分配的特性可知，在不同的顯著水準 α，會產生不同的兩個左、右臨界值；記為 χ_L^2 和 χ_R^2。所以我們也會因為不同的顯著水準 α，得到不同的信賴區間。將以上的數學式改寫就可以輕易得到信賴度是 $1-\alpha$ 的信賴上限與信賴下限；

$$信賴下限 = \frac{(N-1) \times S^2}{\chi_R^2} < \sigma^2 < 信賴上限 = \frac{(N-1) \times S^2}{\chi_L^2}$$

 例題 9.3

從一常態分配的母體中抽樣 $N=18$，計算出樣本標準差等於 55.4，求信賴度為 99%的變異數信賴區間？

首先利用自由度及信賴度查卡方分配表可以得到，

$$\chi_L^2 = 5.697 \text{ 和 } \chi_R^2 = 35.718 ,$$

藉此計算出

$$信賴下限 = \frac{(18-1) \times 55.4^2}{35.718} < \sigma^2 < 信賴上限 = \frac{(18-1) \times 55.4^2}{5.697}$$

$$1460.76824 < \sigma^2 < 9158.455327$$

9-4 變異數的假設檢定

9-4-1 虛無假設與對立假設

雙尾假設：$\begin{cases} H_0 : \sigma = \sigma_0 \,(\text{樣本標準差與母體標準差同質}) \\ H_1 : \sigma \neq \sigma_0 \,(\text{樣本標準差與母體標準差不同質}) \end{cases}$

右尾假設：$\begin{cases} H_0 : \sigma \leq \sigma_0 \,(\text{樣本標準差不大於母體標準差}) \\ H_1 : \sigma > \sigma_0 \,(\text{樣本標準差大於母體標準差}) \end{cases}$

左尾假設：$\begin{cases} H_0 : \sigma \geq \sigma_0 \,(\text{樣本標準差不小於母體標準差}) \\ H_1 : \sigma < \sigma_0 \,(\text{樣本標準差小於母體標準差}) \end{cases}$

9-4-2 決定信賴上、下限

由信賴度 $1-\alpha$ 及樣本數 N（或是自由度 $N-1$）決定左、右臨界 χ_L^2 和 χ_R^2。

1. 雙尾檢定圖

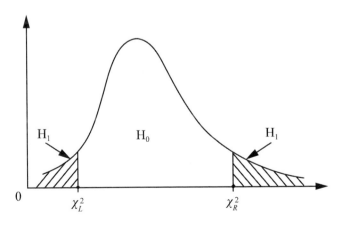

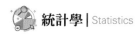

2. 右尾檢定圖

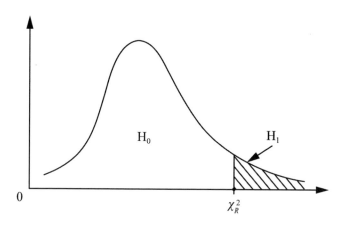

3. 左尾檢定圖

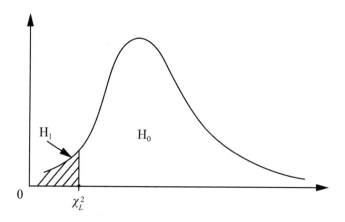

9-4-3　檢定統計值

$$\chi^2 = \frac{(N-1) \times S^2}{\sigma^2}$$

9-4-4 檢定

依照檢定結論可分成兩大類，分如下：

第一類：接受虛無假設，拒絕對立假設

1. 雙尾檢定圖

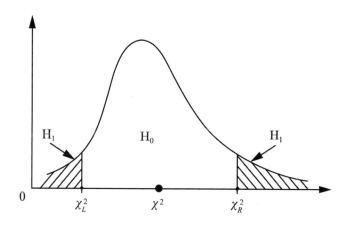

2. 右尾檢定圖

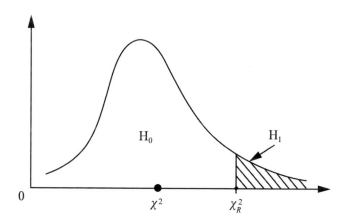

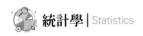
3. 左尾檢定圖

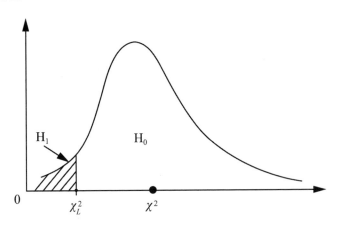

第二類：接受對立假設，拒絕虛無假設

I. 雙尾檢定圖

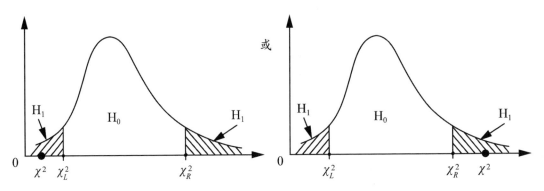

2. 右尾檢定圖

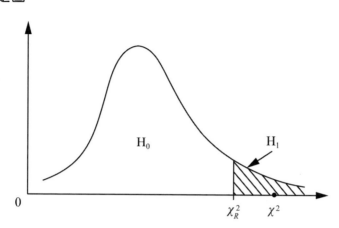

3. 左尾檢定圖

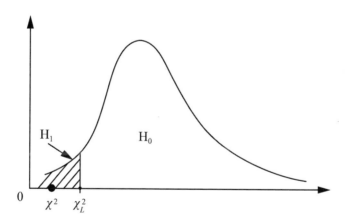

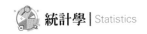

 例題 9.4

有一大學環工所的師生們研發出一種生菌檢測機，其測量誤差的平均數為 0，標準差是 43.7。今自來水事業處抽驗了 30 台機器，做為採購的評估，測得樣本誤差值的標準差為 54.7。若自來水事業處想要以 95%的信賴度來檢定測量誤差的標準差是否等於 43.7，請問結論為何？

解

步驟一：進行假設：從題意可以發現自來水事業處是消費者，因此「消費者」發現檢測值 54.7 不等於 43.7，對立假設是「不可能」；即測量誤差的標準差是不等於 43.7。

我們將寫成雙尾假設 $\begin{cases} H_0 : \sigma = 43.7 \\ H_1 : \sigma \neq 43.7 \end{cases}$

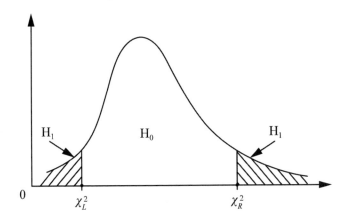

步驟二：信賴度 $=1-\alpha = 0.95$；即 $\alpha = 0.05$；配合自由度為 $30-1=29$，我們可以查出 $\chi_L^2 = 16.047$ 和 $\chi_R^2 = 45.772$，加上 $\chi_L^2 = 16.047$ 和 $\chi_R^2 = 45.772$ 的檢定圖如下：

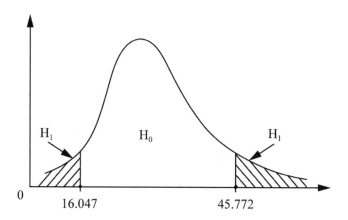

步驟三：計算檢定統計量

$$\chi^2 = \frac{(N-1) \times S^2}{\sigma^2} = \frac{(30-1) \times 54.7^2}{43.7^2} = 45.437$$

步驟四：

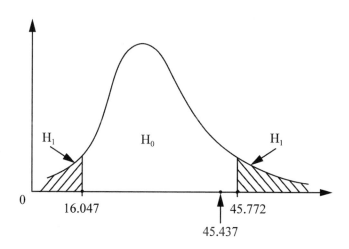

結論：我們可以輕易發現，χ^2 落在信賴區間。所以我們接受虛無假設，拒絕對立假設。即測量誤差的標準差等於 43.7。

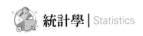

 9-5　檢定兩個間斷變數之間是否有關聯性

9-5-1　虛無假設與對立假設

雙尾假設 $\begin{cases} H_0 : 兩個間斷變數無關聯性（無差異）（相同） \\ H_1 : 兩個間斷變數有關聯性（有差異）（不相同） \end{cases}$

9-5-2　列聯表

觀察值列聯表

變數 1 變數 2				
	O_{11}	O_{12}	$\cdots$	O_{1n}
			$\cdots$	O_{2n}
	$\vdots$	$\vdots$	$\vdots$	$\vdots$
	O_{m1}	O_{m2}	$\cdots$	O_{mn}

其中 O_{ij} 為觀察值：

$1 \le i \le m$

$1 \le j \le n$

m ：為列數

n ：為行數

自由度 $=(m-1)\times(n-1)$，配合信賴度 $1-\alpha$，可以決定右臨界值 $\chi^2_{右}$。

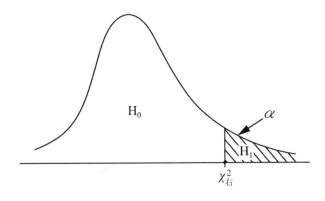

9-5-3 期望值

觀察值列聯表

變數 2 ╲ 變數 1					列總和
	O_{11}	O_{12}	$\cdots$	O_{1n}	S_1
	O_{21}	O_{22}	$\cdots$	O_{2n}	S_2
	$\vdots$	$\vdots$		$\vdots$	$\vdots$
					S_m
行總和	S'_1	S'_2	$\cdots$	S'_n	S

其中
$$S_i = \sum_{j=1}^{n} O_{ij}$$

$$S'_j = \sum_{i=1}^{m} O_{ij}$$

$$S = \sum_{i=1}^{m} s_i = \sum_{j=1}^{n} S'_j$$

期望值列聯表

變數 2 ╲ 變數 1				
	E_{11}	E_{12}	$\cdots$	E_{1n}
	E_{21}	E_{22}	$\cdots$	E_{2n}
	$\vdots$	$\vdots$		$\vdots$
	E_{m1}	E_{m2}	$\cdots$	E_{mn}

其中
$$E_{ij} = \frac{S_i \times \overline{S_j}}{S}$$

※注意 $E_{ij} \geq 5$ ；
$1 \leq i \leq m$
$1 \leq j \leq n$
（即每個期望值皆須不小於 ≤ 5）

9-5-4 檢定統計量

$$\chi^2 = \sum_{j=1}^{n} \sum_{i=1}^{m} \frac{(O_{ij} - E_{ij})^2}{E_{ij}}$$

9-5-5　檢定結果

分成兩大類：

（一）第一類：接受虛無假設，拒絕對立假設

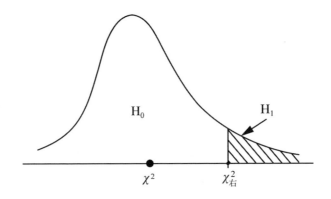

（二）第二類：接受對立假設，拒絕虛無假設

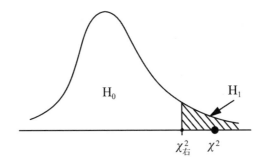

例題 9.5

　　某種正在臺灣南部流行的病毒，衛福部想了解病毒的流行是否與飲用地下水有關，因此抽驗了某社區居民 242 人，製成列聯表如下：

是否飲用地下水

是否感染 \	是	否
是	15	20
否	77	130

請以信賴度 95%，進行檢定。

 解

步驟一： 進行假設：$\begin{cases} H_0:飲用地下水與感染病毒無關 \\ H_1:飲用地下水與感染病毒有關 \end{cases}$

步驟二： 列聯表為 2 列 2 行，所以自由度 $=(2-1)\times(2-1)=1$，而信賴度為 95%（顯著水準 $\alpha=0.05$）
所以由查表可知，$\chi^2_{右}=3.841$

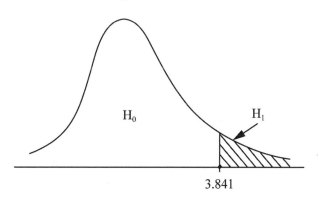

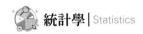
步驟三： 期望值的計算

觀察值列聯表

感染 \ 飲用地下水	是	否	列總和
是	15	20	35
否	77	130	207
行總和	92	150	242

期望值列聯表

感染 \ 飲用地下水	是	否
是	$\dfrac{35 \times 92}{242} = 13.31$	$\dfrac{35 \times 150}{242} = 21.69$
否	$\dfrac{92 \times 207}{242} = 78.69$	$\dfrac{207 \times 150}{242} = 128.31$

步驟四： 計算檢定統計

$$\chi^2 = \sum_{j=1}^{2} \sum_{i=1}^{2} \frac{(O_{ij} - E_{ij})^2}{E_{ij}}$$

$$= \frac{(15-13.31)^2}{13.31} + \frac{(20-21.69)^2}{21.69} + \frac{(77-78.69)^2}{78.69} + \frac{(130-128.31)^2}{128.31}$$

$$= 0.2146 + 0.1317 + 0.036 + 0.022$$

$$= 0.4043$$

步驟五： 結論

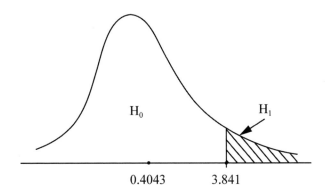

因此我們無法拒絕虛無假設 H_0，
結論是飲用地下水與病毒流行無關！

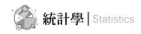

附錄 9-a 卡方假設檢定標準解題步驟

第一步：卡方的固定假設

（請參見課本 P.186 的 9-5-1 假設）

第二步：檢定圖與臨界值

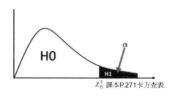

χ^2_E 課本 P.271 卡方查表

第三步：計算期望值表與計算落點

- 3-1 計算期望值表：勿忘 F4 <u>3</u> <u>2</u> <u>1</u>

期望 E 表			
	=X*Y/Z		X
	Y		Z

- 3-2 計算落點：$\sum \dfrac{(O-E)^2}{E} =$

第四步：標落點、下結論

附錄 9-b　假設檢定思路

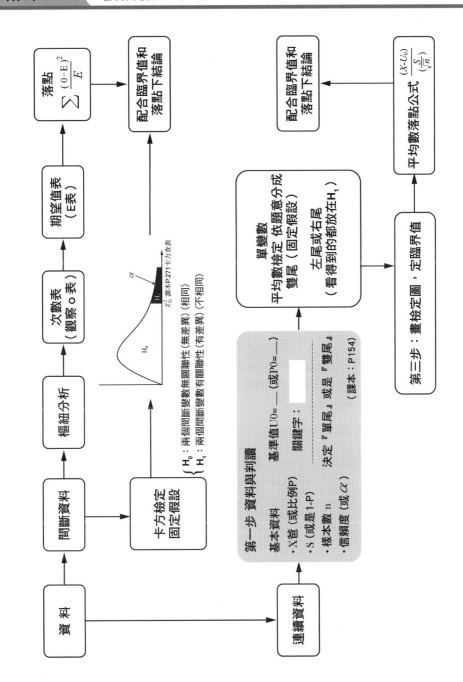

$$\sum \frac{(0-E)^2}{E}$$

落點

期望值表（E表）

次數表（觀察 O 表）

樞紐分析

間斷資料

卡方檢定固定假設

資料

配合臨界值和落點下結論

$$\begin{cases} H_0 : 兩個間斷變數無關聯性（無差異）（相同）\\ H_1 : 兩個間斷變數有關聯性（有差異）（不相同） \end{cases}$$

$\chi^2_{右}$ 課本P271卡方查表

α

H_0

$$\frac{(X-U_0)}{(\frac{S}{\sqrt{n}})}$$

配合臨界值和落點下結論

平均數落點公式

第三步：畫檢定圖，定臨界值

單變數
平均數檢定 依題意設（固定假設）
雙尾
左尾或右尾
（看得到的都放在 H_1）

第一步 資料與判讀

基本資料　基準值 $U_0 =$ ___（或 $P_0 =$ ___）

・X̄ 爸（或比例 P）　**關鍵字：**

・S（或是 1-P）

・樣本數 n

・信賴度（或 α）　決定『單尾』或是『雙尾』

（課本：P154）

連續資料

習 題

1. 請以查表方式作出以下各題：

   (1) n = 23，問 $P(\chi^2 < 10.9823) = ?$

   (2) df = 7，$P(a < \chi^2 < 14.1) = 0.9$，問 a = ?

   (3) df = 40，$P(\chi^2 > a) = 0.05$，問 a = ?

   (4) df = 4，$P(\chi^2 < a) = 0.99$，求 a = ?

   (5) n = 20，$\sigma = 5$，$P(s^2 > a) = 0.05$，問 a = ?

   (6) df = 10，$\sigma = 5$，$P(s^2 > a) = 0.05$，問 a = ?

2. 若 n = 25，$\sigma = 6$，求：(a) df = ?　(b) $\chi^2_{0.01} = ?$　(c) $\chi^2_{0.99} = ?$
   (d) $P(\chi^2_{0.99} < \chi^2 < \chi^2_{0.01}) = ?$　(e) $P(3.642 < S^2 < 0.745) = ?$

3. 若 n = 25，$\sigma = 6$，求：(a) df = ?　(b) $\chi^2_{0.025} = ?$　(c) $\chi^2_{0.975} = ?$
   (d) $P(\chi^2_{0.975} < \chi^2 < \chi^2_{0.025}) = ?$　(e) $P(3.642 < S^2 < 10.745) = ?$

4. 某校抽出 50 位同學為一隨機樣本，計算出平均身高為 174.5 公分，標準差為 6.9 公分，問

   (1) $P(b < X < a) = 0.98$，求 a = ?（假設圖形對於平均數為左右對稱）

   (2) 若已知母體變異數為 10，$P(S^2 < a) = 0.98$，求 a = ?

5. (1) 在統計學的測驗中其變異數為 189 的常態分配，今隨機抽出 20 位
   學生，問此 20 位學生的統計學變異數小於 227 的機率？

   （如果查不到該值，查表值不論是否超過該值，找最接近的）

   (2) 在統計學的測驗中其變異數為 209 的常態分配，今隨機抽出 23 位
   學生，問此 23 位學生的統計學變異數高於 189 的機率？

   （如果查不到該值，查表值不論是否超過該值，找最接近的）

6. 在統計學的測驗中，其變異數為 189 的常態分配，今隨機抽出 20 位學生，問 $P(S^2 < 227) = ?$

   （如果查不到該值，查表值不論是否超過該值，找最接近的）

7. 有一氣壓幫浦生產工廠，假設生產可以產生 3785 磅蒸汽的氣壓幫浦；當然工廠生產線的生產過程中難免會產生誤差，如果品管員希望控制標準差在 30 磅以下，因此品管員就從生產線中隨機抽了一些氣壓幫浦樣本的蒸汽氣壓紀錄如下：

   3761、3861、3769、3772、3675、3861、3748、3720、3800

   3788、3819、3888、3753、3821、3811、3740、3740、3839

   請以 90%的信賴區間來檢定是否生產的氣壓幫浦的標準差在 30 磅以下？

8. 捷運站在月台劃分了好多條上、下車的動線，發現某天的上班尖峰時段上下車的車門開啟時間呈現常態分配，且其標準差為 6.2 秒。因此捷運站設計一組專門的上車區，隨機找了 25 位乘客當樣本，發現上下車的車門開啟時間標準差為 3.8 秒，請以 95%的信賴度來檢定是否專門上車區的設計有較短的車門開啟時間標準差？

9. 變異數就是對於銀行客戶排隊等候是否提供高品質服務的一種重要指標。某市銀行以往在各窗口各自排一隊伍，發現在每週一下午的等候時間呈常態分配，且其標準差是 7 分鐘。該銀行目前試辦讓顧客一進入銀行先取票號，再按票號到可以辦理的窗口辦理業務（就像目前的郵局或銀行常用的方式），銀行隨機抽取了 25 位顧客為樣本，發現其等候的時間標準差縮短為 3.7 分鐘，請以顯著水準 $\alpha = 0.05$ 之下，檢定試辦的方法能有較低的等候時間標準差之假設。

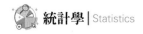

10. 隨機抽取 1250 位成人，並依其性別與對問題的回答來分類，被抽出的人都被詢問是否愛看電視的暴力節目，下表為調查結果的列聯表：

	回 答		
	是	否	不確定
男性	378	237	26
女性	438	146	25

(1) 請先計算出它的期望值，完成期望值表。

(2) 如果以 99%的信賴水準，妳認為電視的暴力節目與犯罪行為是否有關聯？　　　　　　　　　　【提示：請寫出整個假設檢定的推論過程】

11. 以下為一組列聯表，統計吸菸與性別的資料，請問性別與吸菸是否有關？

	男	女
有吸菸	35	20
無吸菸	40	55

12. 董氏基金會鼓勵戒菸，特別作了戒菸的試驗。下表為調查結果的列聯表：

	藥物治療	心理治療
痛苦	43	35
無痛苦	109	118

(1) 請先計算出它的期望值，完成期望值表。

(2) 如果以 95%的信賴水準，妳認為痛苦與否與使用藥物或心理治療是否有關聯？　　　　　　【提示：請寫出整個假設檢定的推論過程】

　　　　　　　　　　　　　　【勿忘說明可能犯了第 I 型或第 II 型錯誤】

13. 交通大隊建議駕駛人開車不要使用行動電話，特別作了車禍發生的調查。下表為調查結果的列聯表：

	去年有車禍	去年無車禍
使用手機	23	282
未使用手機	46	407

(1) 請先計算出它的期望值，完成期望值表。

(2) 如果以顯著水準 $\alpha = 0.05$，妳認為駕駛人開車使用行動電話與發生車禍是否有關聯？ 【提示：請寫出整個假設檢定的推論過程】

【勿忘說明可能犯了第 I 型或第 II 型錯誤】

14. 某雜誌針對購物種類與性別的關聯進行了解，下表為調查結果的列聯表：

	冷凍食品	清潔劑	衛生用品
女性	203	73	142
男性	97	27	58

(1) 請先計算出它的期望值，完成期望值表。

(2) 如果以顯著水準 $\alpha = 0.025$，妳認為購物的種類與性別是否有關聯？ 【提示：請寫出整個假設檢定的推論過程】

【勿忘說明可能犯了第 I 型或第 II 型錯誤】

15. 隨機抽取 1250 位成人，並依其性別與對問題的回答來分類，被抽出的人都被詢問是否愛看電視的暴力節目，下表為調查結果的列聯表：

	回答		
	是	否	不確定
男性	25	438	146
女性	237	26	378

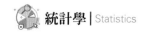

(1) 請先計算出它的期望值，完成期望值表。

(2) 如果以 99% 的信賴水準，妳認為電視的暴力節目與犯罪行為是否有關聯？ 【提示：請寫出整個假設檢定的推論過程】

【勿忘說明可能犯了第 I 型或第 II 型錯誤】

16. 生產電話零件有 A、B、C、D 四台機器。隨機抽取 400 件，下表為調查結果的列聯表；

	A	B	C	D
不良品	9	7	10	16
良品	111	103	105	39

(1) 請先計算出它的期望值，完成期望值表。

(2) 如果以顯著水準 $\alpha = 0.01$ 的信賴水準，妳認為不良品的產生是否與機器有關聯？ 【提示：請寫出整個假設檢定的推論過程】

【勿忘說明可能犯了第 I 型或第 II 型錯誤】

17. 曾有人針對四種改善行政效率的政策進行調查，得到結果如下：

政策\反應	A案	B案	C案	D案
有效	27人	20人	37人	23人
無效	6人	18人	17人	12人

請以上表資料，以 95% 的信賴度檢定是否四個改善方案有顯著差異。

18. 某廠商進行一項實驗，決定針對 3 種抗輻射的護鏡效果進行試驗，以下是 50 位試用者的試用結果：

效果 ＼ 產品	A	B	C
無效	7	14	9
稍有效果	13	9	11
效果很好	28	27	32

在 $\alpha = 0.01$ 下，檢定 3 種抗輻射的護鏡效果是否相同。

19. 有一種新產品推出，廠商發出 300 份回收 211 份，得到結果如下：

滿意度 ＼ 產品	A	B
滿意	87	34
普通	11	8
不滿意	52	19

請以 $\alpha = 0.01$ 檢定，是否滿意度與產品有關？

20. 綜合問題：

(1) 若 $n = 20$，求 $P(a < t < 3.93) = 0.245$，求 $a = ?$（勿忘討論兩種情況）

(2) 若 $n = 25$，$\sigma = 6$，求 $P(3.642 < S^2 < 10.745) = ?$

(3) 某工程單位工安失事率為 0.7%，今抽樣 100 個隨機樣本，問失事率發生大於 1%的機率為何？

(4) 在統計學的測驗中，其變異數為 189 的常態分配，今隨機抽出 20 位學生，問此 20 位學生的統計學變異數小於 227 的機率？（如果查不到該值，查表值不論是否超過該值，找最接近的）

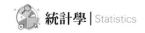

21. 找了 100 位家庭主婦盲目試飲即溶咖啡與研手工研磨咖啡，發現有 38 位認為兩杯的口味不同；請使用卡方檢定家庭主婦的口感是否可以分辨出兩種咖啡的差異（假設顯著水準為 0.05）。

提示：建立真實值表

	口味不同	口味相同
理論假設	38 人	62 人
實際情況		

【提醒：每個推論均請寫出完整的假設檢定，列出所有公式與相關表格，結論勿忘說明可能犯了第 I 型或第 II 型錯誤】

22. 有 100 人同時應徵甲公司與乙公司，其中有 48 人被兩家公司錄取，有 12 人只被甲公司錄取，另外有 5 人只被乙公司錄取，且有 35 人被兩家公司都拒絕；

(1) 請先畫出他們的真實值表，完成期望值表，寫出落點公式。

(2) 如果以顯著水準 $\alpha = 0.05$ 進行卡方檢定，你（妳）認為這兩家公司的錄取是否有差異？

【提醒：每個推論均請寫出完整的假設檢定，列出所有公式與相關表格，結論勿忘說明可能犯了第 I 型或第 II 型錯誤】

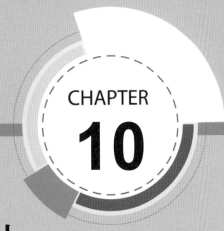

CHAPTER

10

應用電腦學統計

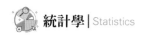

 10-1 機率概說

　　當母體為單母體時,我們在第八章已充分討論了假設檢定的概念及操作,但一旦母體成為雙母體時,它們的交互作用使得統計計算變得非常複雜,我將兩種雙母體平均數的統計量計算公式列表如下,供大家參考。

1. 相依雙母體平均數差的公式整理:

平均數差 μ_D 的推論－小樣本

設 $D_i = X_i - Y_i$ 為取自 $N(\mu_D, \sigma_D)$ 分配的一組隨機樣本,令

$$\overline{D} = \frac{1}{n}\sum_{i=1}^{n} D_i \qquad s_D = \sqrt{\frac{\sum_{i=1}^{n}(D_i - \overline{D})^2}{n-1}}$$

則:

(1) $\overline{D}$ 的抽樣分配特性如下:

$$E(\overline{D}) = \mu_D$$

$$Var(\overline{D}) = \frac{s_D^2}{n} \text{ 或 } \sigma_{\overline{D}} = \frac{s_D}{\sqrt{n}}$$

$$\frac{\overline{D} - \mu_D}{s_D/\sqrt{n}} \sim t(n-1)$$

(2) μ_D 的 $(1-\alpha)100\%$ 的信賴區間為

$$(\overline{D} - t_{\alpha/2}s_D/\sqrt{n}, \overline{D} + t_{\alpha/2}s_D/\sqrt{n})$$

$$\text{或 } \overline{D} \pm t_{\alpha/2}\frac{s_D}{\sqrt{n}}$$

其中 $t_{\alpha/2}$ 依自由度 $df = n-1$ 而定。

(3) 利用下面的檢定統計量，檢定

$$H_0 : \mu_D = \mu_{D_0}$$

$$H_1 : \mu_D \neq \mu_{D_0}$$

$$t = \frac{\overline{D} - \mu_{D_0}}{s_D / \sqrt{n}} \qquad df = n - 1$$

2. 獨立雙母體平均數差的公式整理：

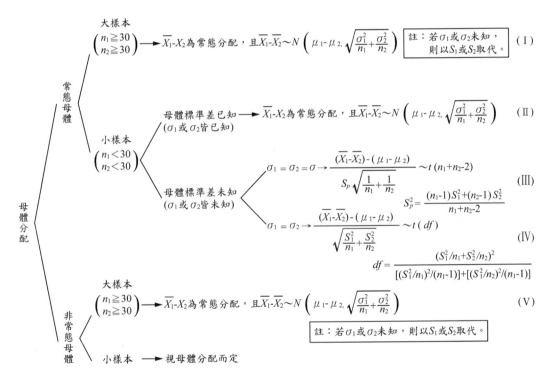

　　幸運的是統計軟體日新月異，諸如 SAS、SPSS 及 MINITAB 都是很有名又好用的軟體，但唯一的缺點就是它們都有版權，對於學生在經濟上負擔較重。比較經濟實惠的就屬 OFFICE 的 EXCEL；微軟的工程師在其

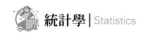

中加入了很好用的統計式，它的好處是普遍，因此我們決定以此做為教學的統計軟體。當然在學習的過程中，可以用 EXCEL 幫忙，但是它的精度稍嫌不足，日後在做研究或是正式的資料分析，我們仍然強力的建議使用 SAS、SPSS 或 MINITAB。儘管電腦計算的功能強大，可以處理繁複的計算，但是它們仍然無法像人類一般將資料轉換成有用的資訊。

　　兩組資料在電腦看來都是一樣的，但我們必須先分辨它們是「相依」母體或「獨立」母體，分辨方式很簡單，只要是實驗前後的結果（例如：減肥前後）這兩組資料來自同一個個體，就是「相依」母體，其餘的就是「獨立」母體。

　　先用流程圖複習一下單母體操作假設檢定的過程，由問題看單尾或雙尾。

由問題看<u>單尾</u>或<u>雙尾</u>

關鍵字：大小高低，輕重多少

（一）

若 $\overline{X} > \mu_0$
設 $H_1 : \mu > \mu_0$

或

若 $\overline{X} < \mu_0$
設 $H_1 : \mu < \mu_0$

（二）求臨界值

（三）算檢定值

（四）下結論

關鍵字：有無關、有無改變、有無差異、相同或不同

（一）　$H_0 : \mu = \mu_0$
　　　　$H_1 : \mu \neq \mu_0$

（二）求臨界值

（三）算檢定值

（四）下結論

接著我們用流程圖來呈現雙母體的假設檢定流程（以平均數差為例）

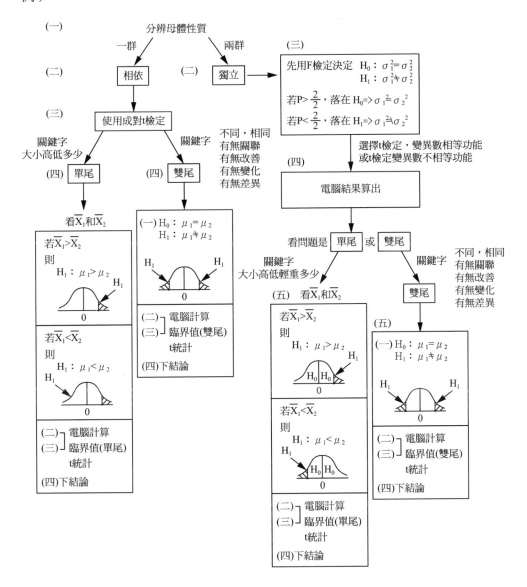

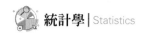

　　本章往後的各節，即將仔細介紹 Excel 的統計功能，並將它們應用在各式的假設檢定計算上。

 10-2　啟用 EXCEL 中的統計功能

　　操作步驟如下：

步驟一：在工具列中的「工具」中點選「增益集」

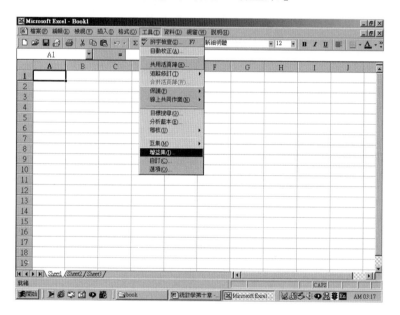

步驟二：勾選「VBA 分析工具箱」及「分析工具箱」

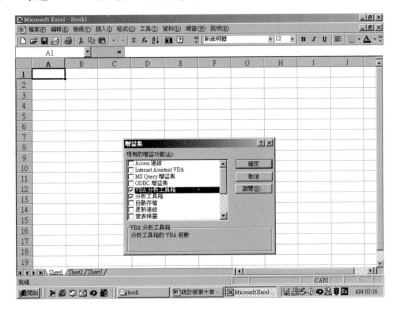

步驟三：再看工具列中的「工具」，會出現一個新的選項「資料分析」。

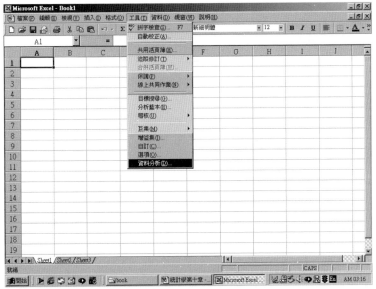

附註：這個動作只需作一次，啟動一次即生效。

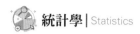

 **10-3　用「資料分析」的統計工具
進行敘述統計值的計算**

步驟一：重做例題 4.8，輸入資料

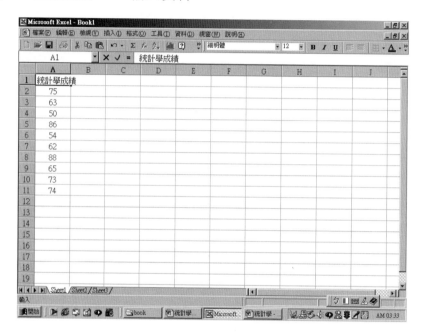

步驟二：進行資料分析；點選「敘述統計」

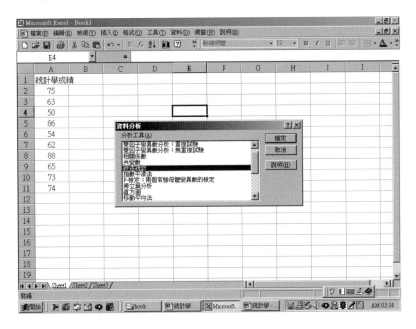

步驟三：進入「敘述統計」功能：

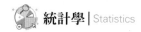

步驟四： 輸入資料所在的範圍：（因第一行有標頭，所以加勾「類別軸標是在第一列上」）

步驟五： 勾選進行何種計算：勾選「摘要統計」

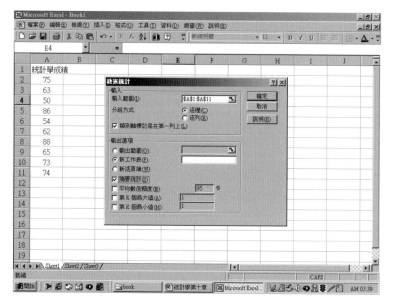

步驟六：執行結果

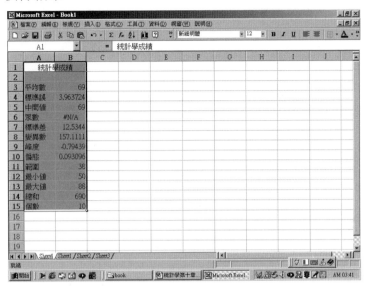

補充說明：「中間值」即是「中位數」；「範圍」即是「全距」。

 ## 10-4 用 EXCEL 進行兩母體變異數的比較

　　假設兩組樣本是獨立的（即採取隨機抽樣的方式），而且假設兩組母體均呈常態變化，所使用的檢定統計量為 $F = \dfrac{S_1^2}{S_2^2}$ ；其中 S_1^2 是兩組中較大的變異數。因為 F 分配不是對稱，所使用的是右尾表，所以只有最高臨界值可以經由顯著水準 α，分子自由度 $N-1$ 及分母自由度 N_2-1 查出，但是最低臨界值與最高臨界值有以下的倒數關係，如[式 10-1]

$$F_{1-\frac{\alpha}{2}, N_2-1, N_1-1} = \frac{1}{F_{\frac{\alpha}{2}, N_1-1, N_2-1}}$$

[式 10-1]

兩母體變異數的比較所進行假設是在探討變異數是否同質。

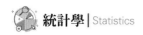
我們將寫成雙尾假設：

$$\begin{cases} H_0 : \sigma_1^{\,2} = \sigma_2^{\,2} \\ H_1 : \sigma_1^{\,2} \neq \sigma_2^{\,2} \end{cases}$$

如果 F 值比最高臨界值還高我們就拒絕同質的假設；換言之，如果 F 值比最低臨界值還低我們也拒絕同質的假設。

 例題 10.1

有兩款電燈使用壽命調查，我們隨機取樣，其結果如下。想藉此看看兩款電燈的使用壽命變異數是否有差異？

A 款（小時）	B 款（小時）
227	229
220	202
218	199
215	240
230	227
211	203
222	200
226	246
208	190
220	242
225	211
219	23
221	224
231	203
219	236
210	194
220	242
226	232
212	216
217	
224	

整個假設檢定過程，和單次抽樣與單母體進行假設檢定完全相同，只是這次假設改成兩組母體變異數的同質性比較罷了！

步驟一： 由電腦來計算，首先輸入資料

	A	B	C	D	E	F	G	H	I
1	A款(小時)	B款(小時)							
2	227	229							
3	220	202							
4	218	199							
5	215	240							
6	230	227							
7	211	203							
8	222	200							
9	226	246							
10	208	190							
11	220	242							
12	225	211							
13	219	230							
14	221	224							
15	231	203							
16	219	236							
17	210	194							
18	220	242							

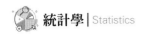

步驟二： 選擇工具列中的「工具」，點選「資料分析」

步驟三： 選擇「F 檢定」

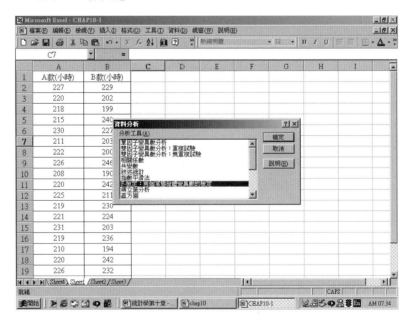

步驟四： 選定範圍（因第一列有文字說明，要加上標記）

（ $\alpha = 0.05$ ， F 分配本身是單尾表，但是我們採用雙尾檢定，所以右尾的顯著水準只有 $\dfrac{\alpha}{2} = 0.025$ ，所以在 EXCEL 中的「 $\alpha(A)$ 」要輸入 0.025，請特別注意）

步驟五： 分析結果電腦運算是依據 A 款變異數除上 B 款變異數得到的結果；也就是說電腦看的是最低臨界值的方法（但是我們如果採用先前的算法，改看最高臨界值，這兩組變異數資料，分別是 40.84762 及 338.6491。所以 $F = \dfrac{338.6491}{40.84762} = 8.2905$ ，最高臨界值恰為最低臨界值的倒數 $\dfrac{1}{0.399773} = 2.50142$ ）

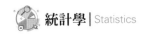

| Microsoft Excel - Book2 | | | | | | | | |

A1 = F 檢定：兩個常態母體變異數的檢定

	A	B	C	D	E	F	G	H	I
1	F 檢定：兩個常態母體變異數的檢定								
2									
3		A款(小時)	B款(小時)						
4	平均數	220.0476	219.2632						
5	變異數	40.84762	338.6491						
6	觀察值個數	21	19						
7	自由度	20	18						
8	F	0.120619							
9	P(F<=f) 單尾	9.4E-06							
10	臨界值：單尾	0.399773							

步驟六： 進行假設。從題意可以發現看這是「實驗者」的角色扮演，對立假設是「看到不同」，即兩款電燈使用壽命的變異數不同質。

$$\begin{cases} H_0 : \sigma_1^2 = \sigma_2^2 \\ H_1 : \sigma_1^2 \neq \sigma_2^2 \end{cases}$$

步驟七： 結論：從電腦計算的結果可知，$F = 0.120619$，最低臨界值 $= 0.399773$，所以我們拒絕虛無假設，接受對立假設：兩個母體的變異數不相等。

（如果我們經由查表（右尾表）只得知最高臨界值介於 2.4645 及 2.5371 之間，無法從表中查出準確的最高臨界值，但是經由電腦的最低臨界值換算可知準確的最高臨界值為 2.501412，由於 F 值為 8.2905，所以我們的結論也是拒絕 H_0；兩個母體的變異數不相等。）

10-5　用 EXCEL 進行雙母體平均數的假設檢定

 例題 10.2

　　有兩款網路決戰遊戲，我們隨機抽出 12 家網咖，調查平均一天全店的上網參賽的總時數，其結果如下。想藉此看看兩款網路決戰遊戲，受歡迎程度是否相同？

A 款	B 款
472	562
487	512
506	523
512	528
489	554
503	513
511	516
501	510
495	524
504	510
494	524
462	508

 解

　　整個假設檢定過程，和單次抽樣與單母體進行假設檢定完全相同，只是這次假設改成雙抽樣，形成兩組母體的比較罷了！

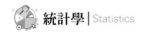

步驟一：由電腦來計算，首先輸入資料

步驟二：選擇工具列中的「工具」，點選「資料分析」

步驟三： 選擇「F 檢定」

步驟四： 選定範圍（因第一列有文字說明，要加上標記）（$\alpha = 0.05$，F 分配本身是單尾表，但是我們採用雙尾檢定，所以右尾的顯著水準只有 $\dfrac{\alpha}{2} = 0.025$，所以在 EXCEL 中的「α(A)」要輸入 0.025，請特別注意）

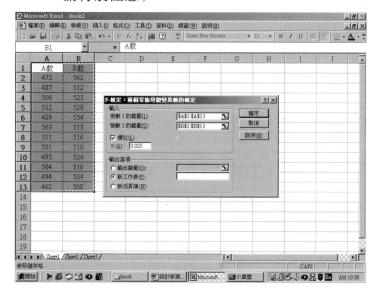

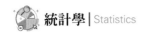

步驟五： 分析結果：電腦運算是依據 A 款變異數除上 B 款變異數得到的結果；也就是說電腦看的是最低臨界值的方法，很明顯的 F 值=0.768631，高於最低臨界值 0.287878（但是我們如果採用先前的算法，改看最高臨界值，這兩組變異數資料，分別是 233.1515 及 303.3333；所以 $F = \dfrac{303.3333}{233.1515} = 1.301$；最高臨界值恰為最低臨界值的倒數 $\dfrac{1}{0.287878} = 3.4737$ ）。

	A款	B款
平均數	494.6667	523.6667
變異數	233.1515	303.3333
觀察值個數	12	12
自由度	11	11
F	0.768631	
P(F<=f) 單尾	0.33506	
臨界值：單尾	0.287878	

步驟六： 進行假設 $\begin{cases} H_0 : \sigma_1^2 = \sigma_2^2 \\ H_1 : \sigma_1^2 \neq \sigma_2^2 \end{cases}$

因此我們接受虛無假設，拒絕對立假設；兩組母體的變異數是同質的。

步驟七： 選擇變異數同質的 t 檢定

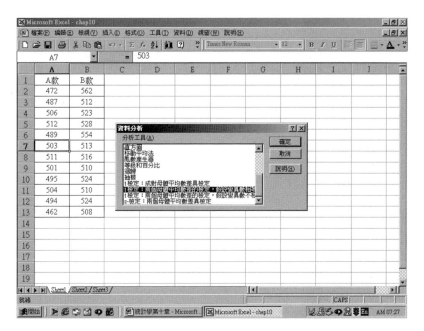

步驟八： 輸入資料範圍

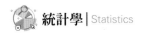

步驟九： 電腦計算結果

	A	B	C	D	E	F	G	H	I
1	t檢定：兩個母體平均數差的檢定，假設變異數相等								
2									
3		A款	B款						
4	平均數	494.6666667	525.0909						
5	變異數	233.1515152	306.8909						
6	觀察值個數	12	11						
7	Pooled 變異數	268.2655123							
8	假設的均數差	0							
9	自由度	21							
10	t 統計	-4.45000397							
11	P(T<=t) 單尾	0.000110776							
12	臨界值：單尾	1.720743512							
13	P(T<=t) 雙尾	0.000221553							
14	臨界值：雙尾	2.079614205							

步驟十： 我們從電腦計算結果看見 A 款平均數是 494.666667，B 款平均數是 525.0909，對立假設 $H_1 : \mu_1 \neq \mu_2$

因此完成假設 $\begin{cases} H_0 : u_1 = u_2 \\ H_1 : u_1 \neq u_2 \end{cases}$

（檢定的結果 t 統計 $= -4.45000397$，但雙尾臨界值是 ± 2.079614205）

步驟十一： 結論：這兩款網路遊戲，拒絕 H_0，接受 H_1，即我們有充分證據證明拒絕認同兩款遊戲平均使用時間相同！

10-6　用 EXCEL 進行相依母體平均數的假設檢定

　　所謂相依母體意味著兩個母體之間，有著某種關連存在。最容易理解的例子就是減肥前後，或者用藥（治療）前後，來評估其作用，是否產生變化。

例題 10.3

　　如果加裝某種特殊噴嘴，可以增強水柱噴射的距離。今我們抽樣 12 具消防設備分別在加裝之前與之後，測量了噴射的距離紀錄如下表所示。請問加裝特殊噴嘴是否可以增強噴射的距離？

裝置前(μ_1)	裝置後(μ_2)
472	562
487	512
506	523
512	528
489	554
503	513
511	516
501	510
495	524
504	510
494	524
462	508

步驟一：選擇資料分析中的「成對母體平均數檢定」

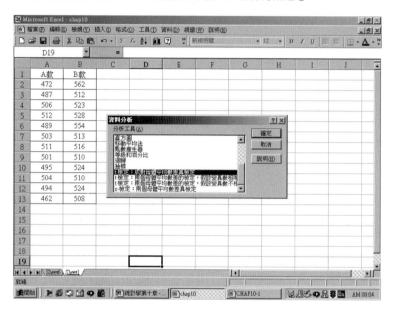

步驟二：輸入並選定範圍

步驟三：電腦計算結果

步驟四： 從電腦計算結果中我們發現 A 款平均數 494.6666667，B 款平均數 523.6666667 明顯看出對立假設 $H_1 : \mu_1 < \mu_2$

因此完成假設 $\begin{cases} H_0 : u_1 \geq u_2 \\ H_1 : u_1 < u_2 \end{cases}$

（從表中可以發現 t 統計量是 -3.846771888，而我們的信賴下限是 -1.795883691）

步驟五： 結論：t 統計量落在拒絕區中，也就是說我們有足夠的證據，說明可以拒絕噴嘴沒有改善的假設，而接受加裝特殊噴嘴，可以增加噴射距離的假設。

10-7　用 EXCEL 進行單因子變異數分析(ANOVA)

　　一般來說，用 t 分配來進行兩個母體的假設檢定很方便，但是如果有三個母體或是三個母體以上，t 分配就失效了，必須改用變異數分析(ANOVA)。我們之前所使用的想法都是對兩個母體進行比較，如果超過三組，如何找到兩個可以進行比較的對等統計量？答案就是組間資料進行變異數分析、組內資料也進行變異數分析，最後將兩者進行比對，就可以作成一個分析的結果。

　　利用 ANOVA 表是一個方便的工具。總變異可以區分成二大部分：處理間變異與誤差項；總差異也可以區分成二大部分：(1)可以由迴歸直線（或獨立變數）解釋部分，與(2)誤差項，或稱不可解釋變異。這二變異分別放在 ANOVA 表單。我們建立表 10-1 來表示「K 種處理方式的資料結構」及表 10-2「完全隨機化設計的 ANOVA 表」。

表 10-1　K 種處理方式的資料結構

處理方式	1	2	3	⋯	k
	X_{11}	X_{12}	X_{13}	⋯	X_{1k}
	X_{21}	X_{22}	X_{23}		X_{2k}
	X_{31}	X_{32}	X_{33}		X_{3k}
	⋮	⋮	⋮	⋯	
	$X_{n_1 1}$	$X_{n_2 2}$	$X_{n_3 3}$	⋯	$X_{n_k k}$

平均數 $\overline{X}_1 = \dfrac{\sum X_{i1}}{n_1}$　　$\overline{X}_2 = \dfrac{\sum X_{i2}}{n_2}$　　$\overline{X}_3 = \dfrac{\sum X_{i3}}{n_3} \cdots \overline{X}_k = \dfrac{\sum X_{ik}}{n_k}$

平方和 $\sum(X_{i1} - \overline{X}_1)^2$　　$\sum(X_{i2} - \overline{X}_2)^2$　　$\sum(X_{i3} - \overline{X}_3)^2 \cdots \sum(X_{ik} - \overline{X}_k)^2$

平方和 $\overline{\overline{X}} = \dfrac{n_1 \overline{X}_1 + n_2 \overline{X}_2 + \cdots n_k \overline{X}_k}{n_1 + n_2 + \cdots + n_k} = \dfrac{\displaystyle\sum_{j}^{k}\sum_{i}^{nj} X_{ij}}{n}$

表 10-2 完全隨機化設計的 ANOVA 表

變異來源	平方和(SS)	自由度(df)	均方(MS)	F 比值
處理方式	$SSB = \sum_{j=1}^{k} nj(\overline{X}_j - \overline{\overline{X}})^2$	$k-1$	$MSB = \dfrac{SSB}{k-1}$	$F = \dfrac{MSB}{MSE}$
殘差	$SSB = \sum_{j=1}^{k} \sum_{i=1}^{nj} (\overline{X}_{ij} - \overline{X}_j)^2$	$n-k$	$MSE = \dfrac{SSE}{n-k}$	
總和	$SSB = \sum_{j=1}^{k} \sum_{i=1}^{nj} (X_{ij} - \overline{\overline{X}})^2$	$n-1$		

例題 10.4

某主管要了解 3 名員工的工作表現。表 10-3 列出每位員工在某個時期的工作表現，並計算出每個人平均數及平方和，建立 ANOVA 表，並在 σ = 0.05 水準下，檢定 $H_0 : \mu_A = \mu_B = \mu_C$

表 10-3

員工	A	B	C
工作表現	16	3	12
	18	6	22
	22	18	32
	10	29	28
	19	36	10
	23	48	6

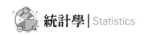

員工	A	B	C
工作表現	16	3	12
	18	6	22
	22	18	32
	10	29	28
	19	36	10
	23	48	6
平均數	$\overline{X}_A = 18$	$\overline{X}_B = 23.33$	$\overline{X}_C = 18.33$
平方和	110	1543.33	555.33
個數	$n_A = 6$	$n_B = 6$	$n_C = 6$
總平均數	$\overline{\overline{X}} = 736.22$		

ANOVA 表

變異來源	平方和	自由度	均方	F 比值
處理方式	107.11	2	53.56	F=0.36
殘差	2208.67	15	147.24	
總和	2315.78	17		

由於 $F = 0.36 < F_{0.01}(2,15) = 6.36$，故結論為接受 H_0；亦即三名員工的工作表現並無顯著的差異。

這個辛苦的例題是手工一筆一筆計算出來的。下一題就來看看應用 Excel 中的單因子變異來分析的電腦計算有多便利。

例題 10.5

　　陸軍運輸部隊，很關心運補的油料問題，希望能了解車子的年分是否影響耗油量。於是在相同的汽缸數及 cc 數的條件下，從各營區總共抽樣了十二輛軍車，其年分與平均消耗的油量如下表：

五年以下	五至十年	十年以上
23	27	24
23	29	26
20	25	24
21	23	—
24	—	—

　　請以 95%的信賴度，檢定它們的耗油量是否相同？

步驟一： 進行假設；$\begin{cases} H_0 : \mu_1 = \mu_2 = \cdots = \mu_{12} \\ H_1 : 至少有兩輛車的耗油量是不同的 \end{cases}$

步驟二： 進行單因子變異數分析

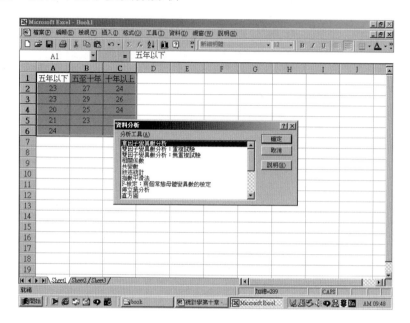

步驟三： 輸入操作範圍

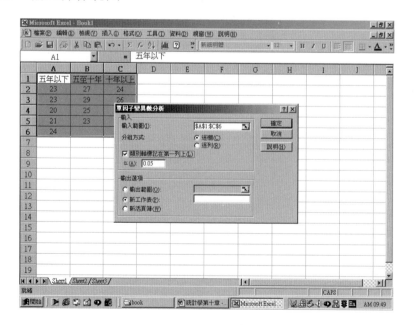

步驟四： 分析結果

（我們發現統計量 $F = 4.49776$，臨界值為 ± 4.256492）

	A	B	C	D	E	F	G
1	單因子變異數分析						
2							
3	摘要						
4	組	個數	總和	平均	變異數		
5	五年以下	5	111	22.2	2.7		
6	五至十年	4	104	26	6.66667		
7	十年以上	3	74	24.666667	1.33333		
8							
9							
10	ANOVA						
11	變源	SS	自由度	MS	F	P-值	臨界值
12	組間	33.45	2	16.725	4.49776	0.044244	4.256492
13	組內	33.46667	9	3.7185185			
14							
15	總和	66.91667	11				
16							
17							
18							
19							

步驟五： 結論：因為 F 落在 H_1，落在拒絕區中，因此我們拒絕虛無假設，也就是說有足夠的證明指出，至少有兩輛車的耗油量因為年分不同，而有差異。

10-8　EXCEL 與卡方分配

卡方分配又稱 χ^2 分配(Chi-Square Distribution)，適合處理間斷變數的資料，尤其在檢定兩個間斷變數之間是否具有關聯性時更為有用。以下是一個具體的實用例子。

例題 10.6

一所幼稚園的老師想了解男女生對於顏色的喜好有無關聯，做了以下的調查：

性別	喜好的顏色
男	綠
男	藍
女	藍
男	黃
女	紅
女	紅
女	黃
男	綠
男	藍
男	綠
女	紅
女	綠
男	紅
男	紅
男	綠
男	黃
男	黃

她想以 0.05 的顯著水準來檢驗，請問結論為何？

解

步驟一：進行假設； $\begin{cases} H_0 : 性別與顏色喜好無關 \\ H_1 : 性別與顏色喜號有關 \end{cases}$

步驟二： 輸入資料，加入一欄編號

步驟三： 作列聯表

(1) 選擇「資料」中的「樞紐分析」

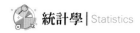

(2) 選用預設分析精靈

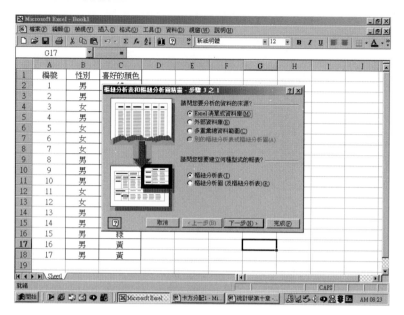

(3) 選定範圍

(4) 點選「下一步」,並選擇「新工作表」

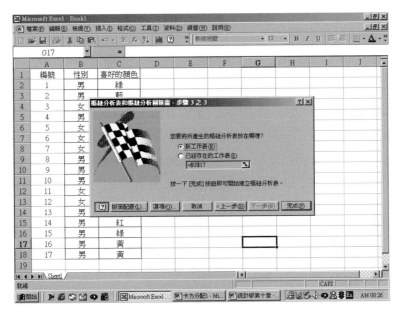

(5) 點選「完成」

(6) 以滑鼠拖曳將「性別」拖到「列欄位」

(7) 以滑鼠拖曳將「喜好的顏色」拖到「欄欄位」

(8) 以滑鼠拖曳將「編號」拖到「資料欄」

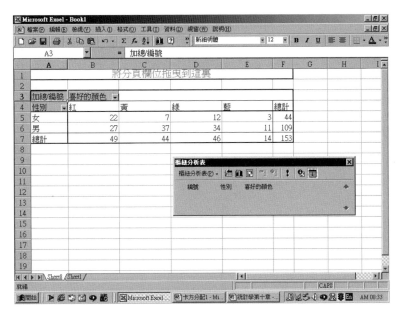

(9) 點選「樞紐分析表」選擇「欄位設定」

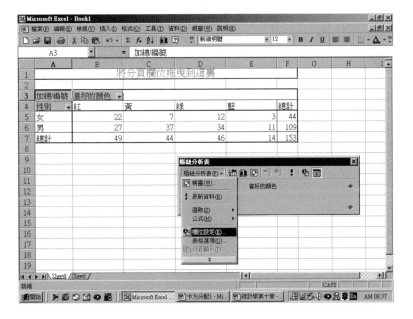

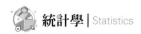

(10) 將「欄位」設定為「項目個數」

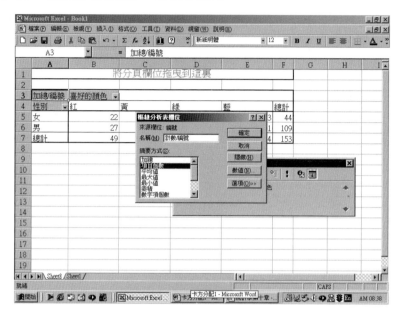

(11) 完成列聯表

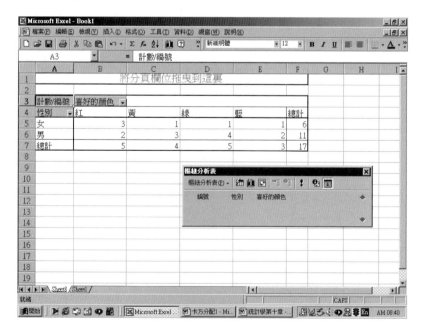

步驟四：計算期望值

(1) 將「性別總和」乘上「喜好顏色的總和」除上「人數總和」

【勿忘 EXCEL 中的 $ 代表絕對位址，它是固定的，不隨滑鼠的拖曳改變】

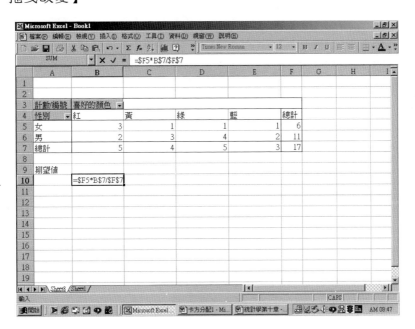

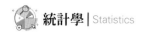

(2) 將滑鼠游標移到儲存格的右下角，當十字由白色變成黑色，先往右拖曳

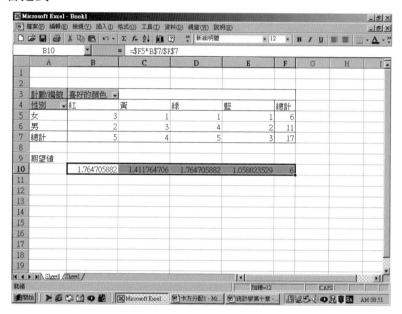

(3) 再以滑鼠往下拖曳造出期望值

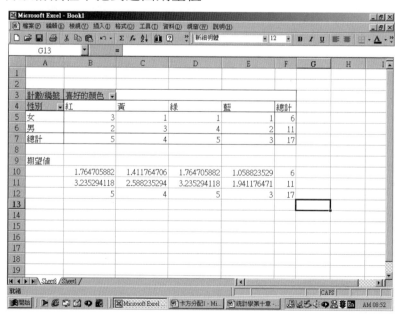

步驟五：以 EXCEL 函數「CHITEST」來進行計算卡方機率

(1) 點選「函數」中的「統計」，選擇「CHITEST」

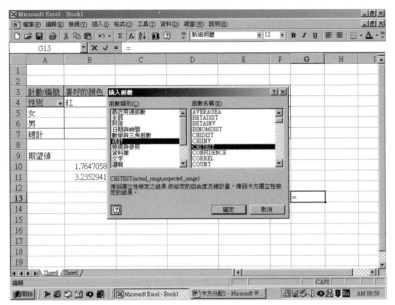

(2) 選定真實值範圍【總計不列入】

(3) 選定期望值範圍【總計不列入】

(4) 點選「確定」，得到卡方機率=0.564323。

步驟六： 結論：因為計算的卡方機率大於顯著水準（$\frac{\alpha}{2} = 0.025$），χ^2 落點在 H_0 中，我們不足以拒絕虛無假設。所以性別與顏色的喜好無關。

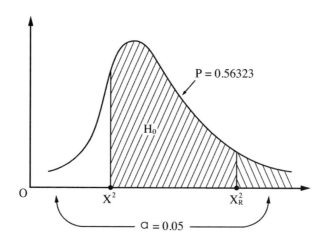

10-9 雙母體比例題型計算公式

（一）雙母體比例題型檢定步驟：（基準差 P_0）

1. 兩群資料：n_1 中有 m_1，n_2 中有 m_2；則可以算出 $P_1 = \dfrac{m_1}{n_1}$，$P_2 = \dfrac{m_2}{n_2}$

2. 落點公式 $= \dfrac{(P_1 - P_2) - P_0}{\sqrt{\dfrac{P_1(1-P_1)}{n_1} + \dfrac{P_2(1-P_2)}{n_2}}}$

3. 臨界值：配合顯著水準與信賴度（水準），查 Z 表。

（二）雙母體比例題型檢定步驟：（基準差 $P_0 = 0$）

1. 兩群資料：n_1 中有 m_1，n_2 中有 m_2；則可以算出 $P_1 = \dfrac{m_1}{n_1}$，$P_2 = \dfrac{m_2}{n_2}$；

   $P = \dfrac{(m_1 + m_2)}{(n_1 + n_2)}$

2. 落點公式 $= \dfrac{(P_1 - P_2)}{\sqrt{\dfrac{P(1-P)}{n_1} + \dfrac{P(1-P)}{n_2}}}$

3. 臨界值：配合顯著水準與信賴度（水準），查 Z 表。

例題 10.7

　　有 100 人同時應徵甲公司與乙公司，其中有 48 人被兩家公司錄取，有 12 人只被甲公司錄取，另外有 5 人只被乙公司錄取，且有 35 人被兩家公司都拒絕；請以比例題型檢定，確定那個公司的錄取率比較低。

【勿忘說明可能犯了第 I 型或第 II 型錯誤】

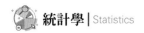
 解

$$P_{甲} = \frac{60}{100} = 0.6 \qquad P_{乙} = \frac{53}{100} = 0.53 \qquad P = \frac{(60+53)}{(100+100)} = 0.565$$

進行假設
$$H_0 : P_{甲} \le P_{乙}$$
$$H_1 : P_{甲} > P_{乙}$$

自訂顯著水準 $\alpha = 0.05$，查 Z 表可以得到臨界值為 1.645

計算落點=0.9984

接受 $H_0 : P_{甲} \le P_{乙}$，拒絕 H_1 可能犯第 II 型錯誤

換言之，乙公司的錄取率不見得比甲公司低

<雙母體平均數檢定：落點公式與自由度計算整理>

1. 相依母體檢定：（基準差值 D_0）

   (1) 先算前後差異表或左右差異表（記為表 D）

   (2) 落點公式 $= \dfrac{\bar{D} - D_0}{(\dfrac{S_D}{\sqrt{n}})}$

   (3) 自由度 $= n-1$

2. 變異數相等的獨立母體檢定：（基準差值 u_0）

   (1) 先計算 $sp^2 = \dfrac{(n_1-1)S_1^2 + (n_2-1)S_2^2}{(n_1-1)+(n_2-1)}$

   (2) 落點公式 $= \dfrac{(\bar{X}_1 - \bar{X}_2) - u_0}{\sqrt{(\dfrac{sp^2}{n_1} + \dfrac{sp^2}{n_2})}}$

   (3) 自由度 $= (n_1-1)+(n_2-1)$

3. 變異數不相等的獨立母體檢定：（基準差值 u_0）

   (1) 落點公式 $= \dfrac{(\bar{X}_1 - \bar{X}_2) - u_0}{\sqrt{(\dfrac{S_1^2}{n_1} + \dfrac{S_2^2}{n_2})}}$

(2) 自由度 $=\dfrac{(\dfrac{S_1^{\ 2}}{n_1}+\dfrac{S_2^{\ 2}}{n_2})^2}{[\dfrac{(\dfrac{S_1^{\ 2}}{n_1})^2}{(n_1-1)}+\dfrac{(\dfrac{S_2^{\ 2}}{n_2})^2}{(n_2-1)}]}$ （記得要取整數；四捨五入）

<ANOVA 表與 F 表總整理>

1. F 表操作程序：

   (1) 數值大的變異數 S^2 當作 $S_1^{\ 2}$，數值小的變異數 S^2 當作 $S_2^{\ 2}$

   右落點 $F=\dfrac{S_1^{\ 2}}{S_2^{\ 2}}$

   (2) 將數值大變異數 S^2 的自由度當 df_1，查 F 表橫的自由度

   將數值小變異數 S^2 的自由度當 df_2，查 F 表直的自由度，配合

   $\dfrac{\alpha}{2}$，就可以對應出右臨界。

   (3) 左落點 $=\dfrac{1}{右落點}$

   $F(1-\dfrac{\alpha}{2},df_2,df_1)=\dfrac{1}{f(\dfrac{\alpha}{2},df_1,df_2)}$ （左臨界 $=\dfrac{1}{右臨界}$）。

2. ANOVA 表操作程序：$\overline{\overline{X}}=\dfrac{n_1\overline{X}_1+n_2\overline{X}_2+\cdots n_k\overline{X}_k}{n_1+n_2+\cdots+n_k}=\dfrac{\displaystyle\sum_{j}^{k}\sum_{i}^{nj}X_{ij}}{n}$

   (1) 計算組間 $SSB=n_1\times(\overline{X}_1-\overline{\overline{X}})^2+n_2\times(\overline{X}_2-\overline{\overline{X}})^2+\cdots$

   組內 $SSE=(n_1-1)\times S_1^{\ 2}+(n_2-1)\times S_2^{\ 2}+\cdots$

   (2) 組間自由度 =（組數 -1），當 df_1，查 F 表橫的自由度

   組內自由度 =（總樣本數 $-$ 組數），當 df_2，查 F 表直的自由度，

   配合 α，就可以對應出右臨界。

   (3) 計算組間 $MSB=\dfrac{SSB}{（組數 -1）}$；計算組內 $MSE=\dfrac{SSE}{（總樣本數 - 組數）}$

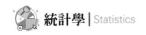
(4) 組間 MSB 當作 S_1^2，組內 MSE 當作 S_2^2

右落點 $F = \dfrac{S_1^{\ 2}}{S_2^{\ 2}} = \dfrac{MSB}{MSE}$

(5) 一律只採用右落點與右臨界（不處理左臨界與左落點）。

習 題

1. 有一個檢察官，偵辦因選舉糾紛的案件，將嫌疑犯的聲音樣本分給 5 個不同的語音實驗室，進行音紋分析，分析的相似度結果如下：

甲	乙	丙	丁	戊
60.7	64.5	63.1	61.4	58.2
55.9	61.4	57.3	55.2	58.1
62.7	60.3	60.9	59.2	60.3
58.7	56.1	60.9	59.1	62.3

請問這 5 個實驗室的結果是否相同？

2. 植物研究所的研究人員，在 3 種不同的溫度之下實驗溫度蔬菜的成長，以下是 3 種在不同溫度下所增加產量的數據。

A	B	C
2.2	2.3	3.3
2.6	2.6	2.9
2.8	2.7	2.7
3.6	2.8	2.2

請問在不同溫度之下，對蔬菜的產量是否有差異？

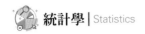

3. 某國發展太空站的實驗，針對仙人掌在不同強度的放射線下，依存活仙人掌得到以下殘存放射線細胞中的千分比‰。

α	β	γ	ω
11.01	12.09	10.55	11.26
11.38	10.67	12.33	10.08
11.02	8.65	11.5	10.31
6.04	9.36	7.76	10.13
10.31	8.3	9.68	8.89

請在信賴 99%（即 0.01 顯著水準）之下，檢定 4 種不同強度的放射線是否在細胞中有相同的殘存量！

4. 欲知某種血清是否有解蛇毒的效果，選擇了 15 隻白鼠予以注射蛇毒，其中 10 隻予以注射血清，另 5 隻不注射，其存活時間如下表：

接受血清存活時間（小時）	2	5	1	5	1	3	2	2	1	1
未接受血清存活時間（小時）	2	1	3	3	1	—	—	—	—	—

如果顯著水準 α＝0.01，你（妳）的結論為何？

5. 某廠商打出一個「魔力呼拉圈」的塑腰廣告，聲稱運動一週可以減少腰圍三英吋，有十位小姐在使用「魔力呼拉圈」的一週之前及之後，分別紀錄其腰圍如下：

編號	使用前腰圍（吋）	使用後腰圍（吋）
1	35.6	36.1
2	37.6	36.7
3	36.7	35.6
4	38.9	38.3
5	45.6	44.4
6	44.4	40
7	40.9	39.9
8	39.8	40
9	33.7	33.1
10	44.3	45

請以 90%的信賴度進行檢定，該廠商的說法是否正確？

提示：

(1) 消費者的角色扮演。

(2) 請設定「假設的均數差」，因為廠商的廣告說使用前後會相差三英吋。

6. (1) 假設 A、B 兩組資料是十個人服用一種類固醇藥物前後的肌肉能的測量值，請以信賴度 90%來檢定該種類固醇是否可以增強肌肉能。

(2) 假設 A、B 兩組資料分別來自兩個不同的訓練肌肉能的機構，請以信賴度 90%來檢定兩個不同訓練肌肉能的機構之訓練結果是否不同？

個案	A	B
甲	140	139
乙	120	122
丙	155	163
丁	152	157
戊	143	144
己	127	139
庚	152	160
辛	122	144
壬	140	135
癸	148	152

7. 有一種新產品推出，廠商發出 300 份回收 211 份，得到結果如下：

產品 滿意度	A	B
滿意	87	34
普通	11	8
不滿意	52	19

我們在上一章以 $\alpha = 0.01$ 檢定過滿意度與產品是否有關，現在請以電腦程式執行驗算，檢核結論是否正確。

8. 曾有人針對四種改善行政效率的政策進行調查，得到結果如下：

政策 反應	A案	B案	C案	D案
有效	27人	20人	37人	23人
無效	6人	18人	17人	12人

在上一章曾依據上表資料，以 95%的信賴度檢定是否四個改善方案有顯著差異。現在請以電腦程式執行驗算，檢核結論是否正確。

9. 某廠商進行一項實驗，決定針對 3 種抗輻射的護鏡效果進行試驗，以下是 50 位試用者的試用結果：

產品 效果	A	B	C
無效	7	14	9
稍有效果	13	9	11
效果很好	28	27	32

上一章我們以 $\alpha = 0.01$，檢定 3 種抗輻射的護鏡效果是否相同。現在請以電腦程式執行驗算，檢核結論是否正確。

10. 有一份學術研究想知道受教育程度與薪水之間的關係，於是在五組不同的教育背景下，調查獲知他們的年收入如下所示：（單位：千美元）

8 年以下	9 年至 11 年	12 年	13 年至 15 年	16 年以上
30	27	40	42	57
21	33	43	48	64
26	38	37	51	59
33	31	39	39	70
		42	47	62
				66

請在右尾 $\alpha = 0.025$ 的顯著水準之下，檢定這五群人的年收入是否相等？

11. (1) 請用亂數產生器來產生兩組常態分配的資料，各有 12 筆。

(2) 假設這兩組資料是來自兩家公司一年中 12 個月的營業額，請問這兩家公司那一家營運較好？

(3) 假設這兩組資料是某家公司經過企業改造前後同期的 12 個月的營業額，請問這家公司的營運是否改善？

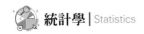

(4) 以下有兩筆資料，如果是兩家公司的營業額，請問這兩家公司的營運是否不同？

A	12	23	18	17
B	20	22	17	12

(5) 以下有兩筆資料，如果是某家公司經過企業改造前後同期的營業額，請問這家公司的營運是否改變？

A	12	23	18	17
B	20	22	17	12

12. 以下為四種經過不同的密封方式儲存的足球，所測驗得到的彈性：

I	II	III	IV
$n_1 = 30$	$n_2 = 30$	$n_3 = 30$	$n_4 = 30$
$\bar{x}_1 = 28.4$	$\bar{x}_2 = 29.1$	$\bar{x}_3 = 32.2$	$\bar{x}_4 = 27.9$
$s_1 = 3.5$	$s_2 = 3.2$	$s_3 = 2.9$	$s_4 = 3.5$

(1) 請造出 ANOVA 表。

(2) 如果以 99%的信賴水準，你（妳）的結論為何？

【勿忘說明可能犯了第 I 型或第 II 型錯誤】

13. 某貨運行假定其行李包裹的重量呈現常態分配，今處理一批行李包裹，其重量如下所示：34、31、30、32、34、34、35、31、33、34、32、35、36、34、35、33、36、37、34、33；經 EXCEL 的「敘述統計」功能計算出下列結果，試求母體平均數之 99%的信賴區間與變異數之 95%的信賴區間。

包裹處理結果	
平均數	33.65
標準誤	0.4057
中間值	34
眾數	34
標準差	1.8144
變異數	3.2921
峰度	-0.283
偏態	-0.24
範圍	7
最小值	30
最大值	37
總和	673
個數	20
信賴度 (99.0%)	1.1607

14. 自 A、B 兩種品牌的汽油各隨機抽出 9 組樣本，得到其中的鉛含量如下：

A 牌	27	24	20	30	28	26	26	29	26
B 牌	22	25	23	21	24	25	23	26	23

假定含鉛量之分配呈常態分配，我們以 0.01 的顯著水準，進行假設檢定，請選擇經 EXCEL 的檢定工具所得來的數據來檢定那一種品牌的含鉛量較低？

【提示：EXCEL 所提供的五份資料並非全部必須，只要選擇有用的資訊即可】

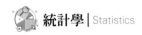

F 檢定：兩個常態母體變異數的檢定		
	A牌	B牌
平均數	26.22222	23.55556
變異數	8.694444	2.527778
觀察值個數	9	9
自由度	8	8
F	3.43956	
P(F<=f) 單尾	0.049945	
臨界值：單尾	6.028813	

z 檢定：兩個母體平均數差異檢定		
	A牌	B牌
平均數	26.22222	23.55556
已知的變異數	8.69	2.52
觀察值個數	9	9
假設的均數差	0	
z	2.389391	
P(Z<=z) 單尾	0.008438	
臨界值：單尾	2.326342	
P(Z<=z) 雙尾	0.016876	
臨界值：雙尾	2.575835	

t 檢定：兩個母體平均數差的檢定，假設變異數不相等		
	A牌	B牌
平均數	26.22222	23.55556
變異數	8.694444	2.527778
觀察值個數	9	9
假設的均數差	0	
自由度	12	
t 統計	2.388089	
P(T<=t) 單尾	0.017127	
臨界值：單尾	2.68099	
P(T<=t) 雙尾	0.034254	
臨界值：雙尾	3.054538	

t 檢定：兩個母體平均數差的檢定，假設變異數相等

	A 牌	B 牌
平均數	26.22222222	23.55555556
變異數	8.694444444	2.527777778
觀察值個數	9	9
Pooled 變異數	5.611111111	
假設的均數差	0	
自由度	16	
t 統計	2.388089257	
P(T<=t)單尾	0.014806255	
臨界值：單尾	10000000	
P(T<=t)雙尾	0.02961251	
臨界值：雙尾	10000000	

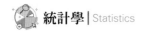

t 檢定：成對母體平均數差異檢定

	A 牌	B 牌
平均數	26.22222222	23.55556
變異數	8.694444444	2.527778
觀察值個數	9	9
皮耳森相關係數	−0.082953587	
假設的均數差	0	
自由度	8	
t 統計	2.309401077	
P(T<=t)單尾	0.024867781	
臨界值：單尾	2.896459446	
P(T<=t)雙尾	0.049735563	
臨界值：雙尾	3.355387331	

15. (1) 若 $df_1 = 4$，$df_2 = 19$，設右尾 $\alpha = 0.05$，求 $F_{0.05}(4,19)$？

(2) 若 $df_1 = 19$，$df_2 = 4$，設右尾 $\alpha = 0.05$，求 $F_{0.05}(19,4)$？

16. 以下為四種經過不同的密封方式儲存的足球，所測驗得到的彈性：

I	II	III	IV
5	9	6	1
5	10	8	9
2	7	6	4
3	5		4
6			4

(1) 請造出 ANOVA 表。

(2) 如果以 99%的信賴水準，你（妳）的結論為何？

【勿忘說明可能犯了第 I 型或第 II 型錯誤】

17. 下列為四批觀察值的資料，請將它作成單因子變異數分析表
（ANOVA 表）：

A	B	C	D
10	14	17	12
15	18	16	15
8	21	14	17
12	15	15	15
15		17	16
		15	15
		18	

18. 下列為三批不同車輛的排檔方式，在相同油量的情況下，行駛里程
數觀察值的資料，請將它作成單因子變異數分析表（ANOVA 表），
並在右尾 $\alpha = 0.05$ 的顯著水準之下，檢定這三型的車輛行駛里程數是
否不同？

A	B	C
23	27	24
23	29	26
20	25	24
21	23	
24		

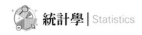

19. 有一份學術研究想知道受教育程度與薪水之間的關係，於是在五組不同的教育背景下，調查獲知他們的年收入如下所示：（單位：千美元）

8 年以下	9 年至 11 年	12 年	13 年至 15 年	16 年以上
30	27	40	42	57
21	33	43	48	64
26	38	37	51	59
33	31	39	39	70
		42	47	62
				66

以下已將它作成單因子變異數分析表（ANOVA 表）

	SS	自由度	MS	F	P 值	臨界值
組間 SSB	3884.208	4	971.0521	49.6301	8.46E-10	2.895106
組內 SSE	371.75	19	19.56579			
總和	4255.958	23				

請在右尾 $\alpha = 0.05$ 的顯著水準之下，檢定這五群人的年收入是否相等？

20. 經調查發現 453 名男生中有 137 名認為工作壓力比較大，但 367 名女生中有 87 名感覺工作壓力過大，請以 90% 信賴水準檢定工作壓力是否與性別有關？【勿忘說明可能犯了第 I 型或第 II 型錯誤】

21. 想了解兩種教學方法的效果是否有差異；以下表為學生分級後調查結果的列聯表；

	等級 A	等級 B	等級 C	等級 D	等級 E
方法一	8	13	16	10	3
方法二	4	9	14	16	7

(1) 請先計算出它的期望值，完成期望值表。

(2) 如果以顯著水準 $\alpha = 0.05$，你（妳）認為兩種教學方法是否有差異？

22. 研究三種不同外殼之錄影帶其雜音量是否相同，以下為所測驗得到的資料：

一	二	三
$n_1 = 5$	$n_2 = 4$	$n_3 = 7$
$\overline{x}_1 = 12$	$\overline{x}_2 = 17$	$\overline{x}_3 = 16$
$s_1^2 = 9.5$	$s_2^2 = 10$	$s_3^2 = 2$

(1) 請造出 ANOVA 表

(2) 如果以 95%的信賴水準，你（妳）的結論為何？

23. 為了解使用 A、B 兩種牌子的肥料對玉蜀黍的收穫是否有差異，其收穫量如下：

A 牌	21	18	17	20	15	—
B 牌	13	12	14	11	10	12

假定其分配呈常態分配，我們以 0.1 的顯著水準，進行假設檢定，請寫出你（妳）的結論。

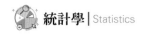

24. 某海軍單位正為新進士兵尋求適合的皮鞋，今有甲、乙兩廠商提供兩款鞋，為了解兩者的差異性，特別挑選 10 位在營士兵，左腳穿甲廠提供的皮鞋，右腳穿乙廠提供的皮鞋，經過三個月的損害測試，得到以下的數據：

右腳	120	136	160	98	115	110	180	190	138	128
左腳	118	122	143	105	98	98	180	175	105	112

我們以 $\alpha = 0.05$ 的顯著水準，檢定甲、乙廠是否有差異？

25. 以下為五種經過不同的密封方式儲存的足球，所測驗得到的彈性：

A	B	C	D	E
25	29	81	21	101
15	10	97	49	79
22	37	49	84	94
43	45	84	64	74
56	21	44	74	84

(1) 請寫出以上五組資料；每一組資料的最大誤差

(2) 請造出 ANOVA 表

(3) 如果以 99% 的信賴水準，你（妳）的結論為何？

26. 找了 200 位家庭主婦盲目試飲即溶咖啡與研手工研磨咖啡，發現有 78 位認為兩杯的口味不同；請同時使用卡方檢定以及雙母體比例檢定，了解家庭主婦的口感是否可以分辨出兩種咖啡的差異（假設顯著水準為 0.05）。

提示：建立真實值表

	口味不同	口味相同
理論假設	78 人	122 人
實際情況		

27. 有 200 人同時應徵甲公司與乙公司，其中有 96 人被兩家公司錄取，
有 24 人只被甲公司錄取，另外有 20 人只被乙公司錄取；

(1) 請先畫出他們的真實值表，完成期望值表，寫出落點公式。

(2) 如果以顯著水準 $\alpha = 0.05$ 進行卡方檢定，你（妳）認為這兩家公司的錄取是否有差異？

(3) 請使用雙母體比例檢定，哪家公司的錄取率比較高？

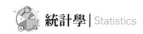

 中英名詞對照-Glossary：

■ A

Accidental Sampling　偶遇抽樣

Applied Statistics　應用統計

Arithmetic Mean　算術平均數

Attributive Variable　性質變數

■ B

Bar Chart　長條圖

Biostatistics　生物統計學

Business Statistics　商業統計學

■ C

Census　普查

Cluster Sampling　集群抽樣

Coefficient of Correlation　相關係數

Coefficient of determination　判定係數

Coefficient of Variation　變異係數

Confident Level　信賴區間

Continuous Variable　連續變數

Control Group　對照組

Convenience Sampling　便利抽樣

Correlation Analysis　相關分析

Cumulative Frequency Distribution Table　累積次數分配表

Cumulative Frequency Polygon　累積次數多邊圖

■ D

Degree of Confidence　信賴度

Dependent Variable　應變數

Descriptive Statistics　敘述統計

Deviation　離均差

Discrete Variable　間斷變數

■ E

Educational Statistics　教育統計學

Estimation　估計

Experimental Group　實驗組

■ F

Frequency Distribution Curve　次數分布曲線圖

Frequency Distribution Table　次數分配表

Frequency Polygon　次數多邊圖

■ H

Histogram　直方圖

■ I

Independent Variable　自變數

Inferential Statistics　推論統計

Interval Estimation　區間估計

Interval Scale　等距尺度

■ J

Judgement Sampling　判斷抽樣

■ L

Left-Skewed Distribution　左偏（或稱負偏）分布

Level of Confidence　信賴水準

■ M

Mathematical Statistics　數理統計

Mean　平均數

Measures of Central Tendency　集中量數

Measures of Dispersion　離散量數

Measures of Relative Dispersion　相對離散量數

Median　中位數

Mode　眾數

■ N

Nominal Scale　類別尺度

Nonprobability Sampling　非機率抽樣

Nonrandom Sample　非隨機樣本

Nonrandom Sampling　非隨機抽樣

Numerical Variable　數量變數

■ O

Ogive Chart　肩形圖

Ordinal Scale　序位尺度

■ P

Parameter　母數或參數

Perfect Correlation　完全相關

Pie Chart　圓形圖

Point Estimation　點估計

Population　母體

Primary Data　原始資料

Probability Sampling　機率抽樣

Product Moment Correlation Coefficient　積差相關係數

Pure Statistics　理論統計

Purposive Sampling　立意抽樣

■ Q

Quartile Deviation　四分位差

■ R

Random Sample　隨機樣本

Random Sampling　隨機抽樣

Range　全距

Ratio Scale　等比尺度

Regression Coefficients　迴歸係數

Reliability　信度

Right-Skewed Distribution　右偏（或稱正偏）分布

■ S

Sample　樣本

Sampling Interval　抽樣區間

Sampling　抽樣

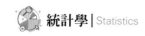

Scatter Diagram　散布圖

Secondary Data　次級資料

Simple Random Sampling　簡單隨機抽樣

Standard Deviation　標準差

Statistic　統計量或表徵數

Statistical Chart　統計圖

Statistical Table　統計表

Statistics　統計學

Stratified Sampling　分層抽樣

Symmetric Distribution　對稱分布

Systematic Sampling　系統抽樣

■ T

Table of Random Numbers　隨機號碼表

■ U

Unbiased Estimator　不偏估計量

■ V

Validity　效度

Variable　變數

Variance　變異數

■ W

Weighted Mean　加權平均數

APPENDIX

附錄

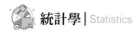

附表1　二項式分配表

n	x	.01	.05	.10	.20	.30	.40	.50	.60	.70	.80	.90	.95	.99	x
2	0	980	902	810	640	490	360	250	160	090	040	010	002	0+	0
	1	020	095	180	320	420	480	500	480	420	320	180	095	020	1
	2	0+	002	010	040	090	160	250	360	490	640	810	902	980	2
3	0	970	857	729	512	343	216	125	064	027	008	001	0+	0+	0
	1	029	135	243	384	441	432	375	288	189	096	027	007	0+	1
	2	0+	007	027	096	189	288	375	432	441	384	243	135	029	2
	3	0+	0+	001	008	027	064	125	216	343	512	729	857	970	3
4	0	961	815	656	410	240	130	062	026	008	002	0+	0+	0+	0
	1	039	171	292	410	412	346	250	154	076	026	004	0+	0+	1
	2	001	014	049	154	265	346	375	346	265	154	049	014	001	2
	3	0+	0+	004	026	076	154	250	346	412	410	292	171	039	3
	4	0+	0+	0+	002	008	026	062	130	240	410	656	815	961	4
5	0	951	774	590	328	168	078	031	010	002	0+	0+	0+	0+	0
	1	048	204	328	410	360	259	156	077	028	006	0+	0+	0+	1
	2	001	021	073	205	309	346	312	230	132	051	008	001	0+	2
	3	0+	001	008	051	132	230	312	346	309	205	073	021	001	3
	4	0+	0+	0+	006	028	077	156	259	360	410	328	204	048	4
	5	0+	0+	0+	0+	002	010	031	078	168	328	590	774	951	5
6	0	941	735	531	262	118	047	016	004	001	0+	0+	0+	0+	0
	1	057	232	354	393	303	187	094	037	010	002	0+	0+	0+	1
	2	001	031	098	246	324	311	234	138	060	015	001	0+	0+	2
	3	0+	002	015	082	185	276	312	276	185	082	015	002	0+	3
	4	0+	0+	001	015	060	138	234	311	324	246	098	031	001	4
	5	0+	0+	0+	002	010	037	094	187	303	393	354	232	057	5
	6	0+	0+	0+	0+	001	004	016	047	118	262	531	735	941	6
7	0	932	698	478	210	082	028	008	002	0+	0+	0+	0+	0+	0
	1	066	257	372	367	247	131	055	017	004	0+	0+	0+	0+	1
	2	002	041	124	275	318	261	164	077	025	004	0+	0+	0+	2
	3	0+	004	023	115	227	290	273	194	097	029	003	0+	0+	3
	4	0+	0+	003	029	097	194	273	290	227	115	023	004	0+	4
	5	0+	0+	0+	004	025	077	164	261	318	275	124	041	002	5
	6	0+	0+	0+	0+	004	017	055	131	247	367	372	257	066	6
	7	0+	0+	0+	0+	0+	002	008	028	082	210	478	698	932	7
8	0	923	663	430	168	058	017	004	001	0+	0+	0+	0+	0+	0
	1	075	279	383	336	198	090	031	008	001	0+	0+	0+	0+	1
	2	003	051	149	294	296	209	109	041	010	001	0+	0+	0+	2
	3	0+	005	033	147	254	279	219	124	047	009	0+	0+	0+	3
	4	0+	0+	005	046	136	232	273	232	136	046	005	0+	0+	4
	5	0+	0+	0+	009	047	124	219	279	254	147	033	005	0+	5
	6	0+	0+	0+	001	010	041	109	209	296	294	149	051	003	6
	7	0+	0+	0+	0+	001	008	031	090	198	336	383	279	075	7
	8	0+	0+	0+	0+	0+	001	004	017	058	168	430	663	923	8

註：0+表示小於0.005的正機率值

（續下頁）

附表 1　二項式分配表（續）

n	x	.01	.05	.10	.20	.30	.40	.50	.60	.70	.80	.90	.95	.99	x
9	0	914	630	387	134	040	010	002	0+	0+	0+	0+	0+	0+	0
	1	083	299	387	302	156	060	018	004	0+	0+	0+	0+	0+	1
	2	003	063	172	302	267	161	070	021	004	0+	0+	0+	0+	2
	3	0+	008	045	176	267	251	164	074	021	003	0+	0+	0+	3
	4	0+	001	007	066	172	251	246	167	074	017	001	0+	0+	4
	5	0+	0+	001	017	074	167	246	251	172	066	007	001	0+	5
	6	0+	0+	0+	003	021	074	164	251	267	176	045	008	0+	6
	7	0+	0+	0+	0+	004	021	070	161	267	302	172	063	003	7
	8	0+	0+	0+	0+	0+	004	018	060	156	302	387	299	083	8
	9	0+	0+	0+	0+	0+	0+	002	010	040	134	387	630	914	9
10	0	904	599	349	107	028	006	001	0+	0+	0+	0+	0+	0+	0
	1	091	315	387	268	121	040	010	002	0+	0+	0+	0+	0+	1
	2	004	075	194	302	233	121	044	011	001	0+	0+	0+	0+	2
	3	0+	010	057	201	267	215	117	042	009	001	0+	0+	0+	3
	4	0+	001	011	088	200	251	205	111	037	006	0+	0+	0+	4
	5	0+	0+	001	026	103	201	246	201	103	026	001	0+	0+	5
	6	0+	0+	0+	006	037	111	205	251	200	088	011	001	0+	6
	7	0+	0+	0+	001	009	042	117	215	267	201	057	010	0+	7
	8	0+	0+	0+	0+	001	011	044	121	233	302	194	075	004	8
	9	0+	0+	0+	0+	0+	002	010	040	121	268	387	315	091	9
	10	0+	0+	0+	0+	0+	0+	001	006	028	107	349	599	904	10
11	0	895	569	314	086	020	004	0+	0+	0+	0+	0+	0+	0+	0
	1	099	329	384	236	093	027	005	001	0+	0+	0+	0+	0+	1
	2	005	087	213	295	200	089	027	005	001	0+	0+	0+	0+	2
	3	0+	014	071	221	257	177	081	023	004	0+	0+	0+	0+	3
	4	0+	001	016	111	220	236	161	070	017	002	0+	0+	0+	4
	5	0+	0+	002	039	132	221	226	147	057	010	0+	0+	0+	5
	6	0+	0+	0+	010	057	147	226	221	132	039	002	0+	0+	6
	7	0+	0+	0+	002	017	070	161	236	220	111	016	001	0+	7
	8	0+	0+	0+	0+	004	023	081	177	257	221	071	014	0+	8
	9	0+	0+	0+	0+	001	005	027	089	200	295	213	087	005	9
	10	0+	0+	0+	0+	0+	001	005	027	093	236	384	329	099	10
	11	0+	0+	0+	0+	0+	0+	0+	004	020	086	314	569	895	11
12	0	886	540	282	069	014	002	0+	0+	0+	0+	0+	0+	0+	0
	1	107	341	377	206	071	017	003	0+	0+	0+	0+	0+	0+	1
	2	006	099	230	283	168	064	016	002	0+	0+	0+	0+	0+	2
	3	0+	017	085	236	240	142	054	012	001	0+	0+	0+	0+	3
	4	0+	002	021	133	231	213	121	042	008	001	0+	0+	0+	4
	5	0+	0+	004	053	158	227	193	101	029	003	0+	0+	0+	5
	6	0+	0+	0+	016	079	177	226	177	079	016	0+	0+	0+	6
	7	0+	0+	0+	003	029	101	193	227	158	053	004	0+	0+	7
	8	0+	0+	0+	001	008	042	121	213	231	133	021	002	0+	8
	9	0+	0+	0+	0+	001	012	054	142	240	236	085	017	0+	9
	10	0+	0+	0+	0+	0+	002	016	064	168	283	230	099	006	10
	11	0+	0+	0+	0+	0+	0+	003	017	071	206	377	341	107	11
	12	0+	0+	0+	0+	0+	0+	0+	002	014	069	282	540	886	12

註：0+ 表示小於 0.005 的正機率值

（續下頁）

附表1 二項式分配表（續）

n	x	.01	.05	.10	.20	.30	.40	.50	.60	.70	.80	.90	.95	.99	x
13	0	878	513	254	055	010	001	0+	0+	0+	0+	0+	0+	0+	0
	1	115	351	367	179	054	011	002	0+	0+	0+	0+	0+	0+	1
	2	007	111	245	268	139	045	010	001	0+	0+	0+	0+	0+	2
	3	0+	021	100	246	218	111	035	006	001	0+	0+	0+	0+	3
	4	0+	003	028	154	234	184	087	024	003	0+	0+	0+	0+	4
	5	0+	0+	006	069	180	221	157	066	014	001	0+	0+	0+	5
	6	0+	0+	001	023	103	197	209	131	044	006	0+	0+	0+	6
	7	0+	0+	0+	006	044	131	209	197	103	023	001	0+	0+	7
	8	0+	0+	0+	001	014	066	157	221	180	069	006	0+	0+	8
	9	0+	0+	0+	0+	003	024	087	184	234	154	028	003	0+	9
	10	0+	0+	0+	0+	001	006	035	111	218	246	100	021	0+	10
	11	0+	0+	0+	0+	0+	001	010	045	139	268	245	111	007	11
	12	0+	0+	0+	0+	0+	0+	002	011	054	179	367	351	115	12
	13	0+	0+	0+	0+	0+	0+	0+	001	010	055	254	513	878	13
14	0	869	488	229	044	007	001	0+	0+	0+	0+	0+	0+	0+	0
	1	123	359	356	154	041	007	001	0+	0+	0+	0+	0+	0+	1
	2	008	123	257	250	113	032	006	001	0+	0+	0+	0+	0+	2
	3	0+	026	114	250	194	085	022	003	0+	0+	0+	0+	0+	3
	4	0+	004	035	172	229	155	061	014	001	0+	0+	0+	0+	4
	5	0+	0+	008	086	196	207	122	041	007	0+	0+	0+	0+	5
	6	0+	0+	001	032	126	207	183	092	023	002	0+	0+	0+	6
	7	0+	0+	0+	009	062	157	209	157	062	009	0+	0+	0+	7
	8	0+	0+	0+	002	023	092	183	207	126	032	001	0+	0+	8
	9	0+	0+	0+	0+	007	041	122	207	196	086	008	0+	0+	9
	10	0+	0+	0+	0+	001	014	061	155	229	172	035	004	0+	10
	11	0+	0+	0+	0+	0+	003	022	085	194	250	114	026	0+	11
	12	0+	0+	0+	0+	0+	001	006	032	113	250	257	123	008	12
	13	0+	0+	0+	0+	0+	0+	001	007	041	154	356	359	123	13
	14	0+	0+	0+	0+	0+	0+	0+	001	007	044	229	488	869	14
15	0	860	463	206	035	005	0+	0+	0+	0+	0+	0+	0+	0+	0
	1	130	366	343	132	031	005	0+	0+	0+	0+	0+	0+	0+	1
	2	009	135	267	231	092	022	003	0+	0+	0+	0+	0+	0+	2
	3	0+	031	129	250	170	063	014	002	0+	0+	0+	0+	0+	3
	4	0+	005	043	188	219	127	042	007	001	0+	0+	0+	0+	4
	5	0+	001	010	103	206	186	092	024	003	0+	0+	0+	0+	5
	6	0+	0+	002	043	147	207	153	061	012	001	0+	0+	0+	6
	7	0+	0+	0+	014	081	177	196	118	035	003	0+	0+	0+	7
	8	0+	0+	0+	003	035	118	196	177	081	014	0+	0+	0+	8
	9	0+	0+	0+	001	012	061	153	207	147	043	002	0+	0+	9
	10	0+	0+	0+	0+	003	024	092	186	206	103	010	001	0+	10
	11	0+	0+	0+	0+	001	007	042	127	219	188	043	005	0+	11
	12	0+	0+	0+	0+	0+	002	014	063	170	250	129	031	0+	12
	13	0+	0+	0+	0+	0+	0+	003	022	092	231	267	135	009	13
	14	0+	0+	0+	0+	0+	0+	0+	005	031	132	343	366	130	14
	15	0+	0+	0+	0+	0+	0+	0+	0+	005	035	206	463	860	15

註：0+表示小於0.005的正機率值

資料來源：摘錄自莫斯托羅 (Mosteller) 著，機率之統計應用 (Probability with Statistical Applications)，第二版，1970年由愛迪生－衛斯理圖書出版公司。

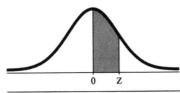

附表 2　常態表

附表 A.2
標準常態 (Z) 分配

Z	.00	.01	.02	.03	.04	.05	.06	.07	.08	.09
0.0	.0000	.0040	.0080	.0120	.0160	.0199	.0239	.0279	.0319	.0359
0.1	.0398	.0438	.0478	.0517	.0557	.0596	.0636	.0675	.0714	.0753
0.2	.0793	.0832	.0871	.0910	.0948	.0987	.1026	.1064	.1103	.1141
0.3	.1179	.1217	.1255	.1293	.1331	.1368	.1406	.1443	.1480	.1517
0.4	.1554	.1591	.1628	.1664	.1700	.1736	.1772	.1808	.1844	.1879
0.5	.1915	.1950	.1985	.2019	.2054	.2088	.2123	.2157	.2190	.2224
0.6	.2257	.2291	.2324	.2357	.2389	.2422	.2454	.2486	.2517	.2549
0.7	.2580	.2611	.2642	.2673	.2704	.2734	.2764	.2794	.2823	.2852
0.8	.2881	.2910	.2939	.2967	.2995	.3023	.3051	.3078	.3106	.3133
0.9	.3159	.3186	.3212	.3238	.3264	.3289	.3315	.3340	.3365	.3389
1.0	.3413	.3438	.3461	.3485	.3508	.3531	.3554	.3577	.3599	.3621
1.1	.3643	.3665	.3686	.3708	.3729	.3749	.3770	.3790	.3810	.3830
1.2	.3849	.3869	.3888	.3907	.3925	.3944	.3962	.3980	.3997	.4015
1.3	.4032	.4049	.4066	.4082	.4099	.4115	.4131	.4147	.4162	.4177
1.4	.4192	.4207	.4222	.4236	.4251	.4265	.4279	.4292	.4306	.4319
1.5	.4332	.4345	.4357	.4370	.4382	.4394	.4406	.4418	.4429	.4441
1.6	.4452	.4463	.4474	.4484	.4495 *	.4505	.4515	.4525	.4535	.4545
1.7	.4554	.4564	.4573	.4582	.4591	.4599	.4608	.4616	.4625	.4633
1.8	.4641	.4649	.4656	.4664	.4671	.4678	.4686	.4693	.4699	.4706
1.9	.4713	.4719	.4726	.4732	.4738	.4744	.4750	.4756	.4761	.4767
2.0	.4772	.4778	.4783	.4788	.4793	.4798	.4803	.4808	.4812	.4817
2.1	.4821	.4826	.4830	.4834	.4838	.4842	.4846	.4850	.4854	.4857
2.2	.4861	.4864	.4868	.4871	.4875	.4878	.4881	.4884	.4887	.4890
2.3	.4893	.4896	.4898	.4901	.4904	.4906	.4909	.4911	.4913	.4916
2.4	.4918	.4920	.4922	.4925	.4927	.4929	.4931	.4932	.4934	.4936
2.5	.4938	.4940	.4941	.4943	.4945	.4946	.4948	.4949 *	.4951	.4952
2.6	.4953	.4955	.4956	.4957	.4959	.4960	.4961	.4962	.4963	.4964
2.7	.4965	.4966	.4967	.4968	.4969	.4970	.4971	.4972	.4973	.4974
2.8	.4974	.4975	.4976	.4977	.4977	.4978	.4979	.4979	.4980	.4981
2.9	.4981	.4982	.4982	.4983	.4984	.4984	.4985	.4985	.4986	.4986
3.0	.4987	.4987	.4987	.4988	.4988	.4989	.4989	.4989	.4990	.4990

Z	面積
3.1	.49903
3.2	.49931
3.3	.49952
3.4	.49966
3.5	.49977
3.6	.49984
3.7	.49989
3.8	.49993
3.9	.49995
4.0	.49997
4.5	.4999966023
5.0	.4999997133
5.5	.4999999810
6.0	.4999999990

大於 6.0 者均為 0.4999999990

註：
1. Z值大於 6.0 部分，其面積均為 0.4999999990。
2. * 下列常用值係依內插補法求得：

Z 值	面積
1.645	0.4500
2.575	0.4950

資料來源：摘錄自莫斯托羅 (Mosteller) 與魯爾克 (Rourke) 合著，統計全集 (Sturdy Statistics)，1973 年由愛迪生－衛斯理圖書公司出版。

附表 3　*t* 分配表

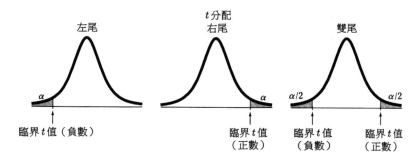

附表 A.3
t 分配

自由度	.005（單尾）.01（雙尾）	.01（單尾）.02（雙尾）	.025（單尾）.05（雙尾）	.05（單尾）.10（雙尾）	.10（單尾）.20（雙尾）	.25（單尾）.50（雙尾）
			α			
1	63.657	31.821	12.706	6.314	3.078	1.000
2	9.925	6.965	4.303	2.920	1.886	.816
3	5.841	4.541	3.182	2.353	1.638	.765
4	4.604	3.747	2.776	2.132	1.533	.741
5	4.032	3.365	2.571	2.015	1.476	.727
6	3.707	3.143	2.447	1.943	1.440	.718
7	3.500	2.998	2.365	1.895	1.415	.711
8	3.355	2.896	2.306	1.860	1.397	.706
9	3.250	2.821	2.262	1.833	1.383	.703
10	3.169	2.764	2.228	1.812	1.372	.700
11	3.106	2.718	2.201	1.796	1.363	.697
12	3.054	2.681	2.179	1.782	1.356	.696
13	3.012	2.650	2.160	1.771	1.350	.694
14	2.977	2.625	2.145	1.761	1.345	.692
15	2.947	2.602	2.132	1.753	1.341	.691
16	2.921	2.584	2.120	1.746	1.337	.690
17	2.898	2.567	2.110	1.740	1.333	.689
18	2.878	2.552	2.101	1.734	1.330	.688
19	2.861	2.540	2.093	1.729	1.328	.688
20	2.845	2.528	2.086	1.725	1.325	.687
21	2.831	2.518	2.080	1.721	1.323	.686
22	2.819	2.508	2.074	1.717	1.321	.686
23	2.807	2.500	2.069	1.714	1.320	.685
24	2.797	2.492	2.064	1.711	1.318	.685
25	2.787	2.485	2.060	1.708	1.316	.684
26	2.779	2.479	2.056	1.706	1.315	.684
27	2.771	2.473	2.052	1.703	1.314	.684
28	2.763	2.467	2.048	1.701	1.313	.683
29	2.756	2.462	2.045	1.699	1.311	.683
30 及以上	2.575	2.327	1.960	1.645	1.282	.675

資料來源：摘錄自蔡歐拉 (Triola)，基礎統計學 (Elementary Statistics)，第五版，1992 年由愛迪生－衛斯理圖書公司出版。

附表 4　卡方(χ^2)分配表

臨界值的右邊面積

自由度	0.995	0.99	0.975	0.95	0.90	0.10	0.05	0.025	0.01	0.005
1	—	—	0.001	0.004	0.016	2.706	3.841	5.024	6.635	7.879
2	0.010	0.020	0.051	0.103	0.211	4.605	5.991	7.378	9.210	10.597
3	0.072	0.115	0.216	0.352	0.584	6.251	7.815	9.348	11.345	12.838
4	0.207	0.297	0.484	0.711	1.064	7.779	9.488	11.143	13.277	14.860
5	0.412	0.554	0.831	1.145	1.610	9.236	11.071	12.833	15.086	16.750
6	0.676	0.872	1.237	1.635	2.204	10.645	12.592	14.449	16.812	18.548
7	0.989	1.239	1.690	2.167	2.833	12.017	14.067	16.013	18.475	20.278
8	1.344	1.646	2.180	2.733	3.490	13.362	15.507	17.535	20.090	21.955
9	1.735	2.088	2.700	3.325	4.168	14.684	16.919	19.023	21.666	23.589
10	2.156	2.558	3.247	3.940	4.865	15.987	18.307	20.483	23.209	25.188
11	2.603	3.053	3.816	4.575	5.578	17.275	19.675	21.920	24.725	26.757
12	3.074	3.571	4.404	5.226	6.304	18.549	21.026	23.337	26.217	28.299
13	3.565	4.107	5.009	5.892	7.042	19.812	22.362	24.736	27.688	29.819
14	4.075	4.660	5.629	6.571	7.790	21.064	23.685	26.119	29.141	31.319
15	4.601	5.229	6.262	7.261	8.547	22.307	24.996	27.488	30.578	32.801
16	5.142	5.812	6.908	7.962	9.312	23.542	26.296	28.845	32.000	34.267
17	5.697	6.408	7.564	8.672	10.085	24.769	27.587	30.191	33.409	35.718
18	6.265	7.015	8.231	9.390	10.865	25.989	28.869	31.526	34.805	37.156
19	6.844	7.633	8.907	10.117	11.651	27.204	30.144	32.852	36.191	38.582
20	7.434	8.260	9.591	10.851	12.443	28.412	31.410	34.170	37.566	39.997
21	8.034	8.897	10.283	11.591	13.240	29.615	32.671	35.479	38.932	41.401
22	8.643	9.542	10.982	12.338	14.042	30.813	33.924	36.781	40.289	42.796
23	9.260	10.196	11.689	13.091	14.848	32.007	35.172	38.076	41.638	44.181
24	9.886	10.856	12.401	13.848	15.659	33.196	36.415	39.364	42.980	45.559
25	10.520	11.524	13.120	14.611	16.473	34.382	37.652	40.646	44.314	46.928
26	11.160	12.198	13.844	15.379	17.292	35.563	38.885	41.923	45.642	48.290
27	11.808	12.879	14.573	16.151	18.114	36.741	40.113	43.194	46.963	49.645
28	12.461	13.565	15.308	16.928	18.939	37.916	41.337	44.461	48.278	50.993
29	13.121	14.257	16.047	17.708	19.768	39.087	42.557	45.772	49.588	52.336
30	13.787	14.954	16.791	18.493	20.599	40.256	43.773	46.979	50.892	53.672
40	20.707	22.164	24.433	26.509	29.051	51.805	55.758	59.342	63.691	66.766
50	27.991	29.707	32.357	34.764	37.689	63.167	67.505	71.420	76.154	79.490
60	35.534	37.485	40.482	43.188	46.459	74.397	79.082	83.298	88.379	91.952
70	43.275	45.442	48.758	51.739	55.329	85.527	90.531	95.023	100.425	104.215
80	51.172	53.540	57.153	60.391	64.278	96.578	101.879	106.629	112.329	116.321
90	59.196	61.754	65.647	69.126	73.291	107.565	113.145	118.136	124.116	128.299
100	67.328	70.065	74.222	77.929	82.358	118.498	124.342	129.561	135.807	140.169

資料來源：摘錄自歐恩 (Owen)，統計表手冊 (Handbook of a Statistical Tables)，1962 年由愛迪生－衛斯理圖書公司出版。

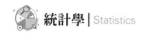
附表 4　卡方(χ^2)分配表（續）

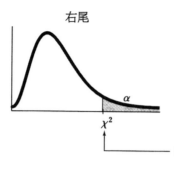

右尾

利用該表頂端 α 面積對應之行，
可查出 χ^2 值

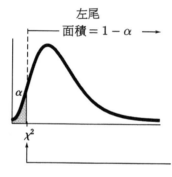

左尾

面積 $= 1 - \alpha$

先決定界限右邊區域之面積
（非陰影區域）及使用頂端對
應該值之那一行，查出 χ^2 值
。若左尾之面積為 α，即使用
該表頂端 $1 - \alpha$ 之值對應之那
一行。

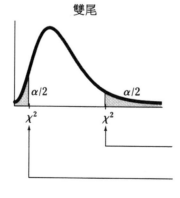

雙尾

使用該表頂端面積為 $\alpha/2$ 對應之
那一行查出 χ^2 值

使用該表頂端面積為 $1 - \dfrac{\alpha}{2}$
對應之那一行查出 χ^2 值

附表 5　F 分配表（右尾 α=0.01）

分子之自由度

df_2 \ df_1	1	2	3	4	5	6	7	8	9
1	4052.2	4999.5	5403.4	5624.6	5763.6	5859.0	5928.4	5981.1	6022.5
2	98.503	99.000	99.166	99.249	99.299	99.333	99.356	99.374	99.388
3	34.116	30.817	29.457	28.710	28.237	27.911	27.672	27.489	27.345
4	21.198	18.000	16.694	15.977	15.522	15.207	14.976	14.799	14.659
5	16.258	13.274	12.060	11.392	10.967	10.672	10.456	10.289	10.158
6	13.745	10.925	9.7795	9.1483	8.7459	8.4661	8.2600	8.1017	7.9761
7	12.246	9.5466	8.4513	7.8466	7.4604	7.1914	6.9928	6.8400	6.7188
8	11.259	8.6491	7.5910	7.0061	6.6318	6.3707	6.1776	6.0289	5.9106
9	10.561	8.0215	6.9919	6.4221	6.0569	5.8018	5.6129	5.4671	5.3511
10	10.044	7.5594	6.5523	5.9943	5.6363	5.3858	5.2001	5.0567	4.9424
11	9.6460	7.2057	6.2167	5.6683	5.3160	5.0692	4.8861	4.7445	4.6315
12	9.3302	6.9266	5.9525	5.4120	5.0643	4.8206	4.6395	4.4994	4.3875
13	9.0738	6.7010	5.7394	5.2053	4.8616	4.6204	4.4410	4.3021	4.1911
14	8.8616	6.5149	5.5639	5.0354	4.6950	4.4558	4.2779	4.1399	4.0297
15	8.6631	6.3589	5.4170	4.8932	4.5556	4.3183	4.1415	4.0045	3.8948
16	8.5310	6.2262	5.2922	4.7726	4.4374	4.2016	4.0259	3.8896	3.7804
17	8.3997	6.1121	5.1850	4.6690	4.3359	4.1015	3.9267	3.7910	3.6822
18	8.2854	6.0129	5.0919	4.5790	4.2479	4.0146	3.8406	3.7054	3.5971
19	8.1849	5.9259	5.0103	4.5003	4.1708	3.9386	3.7653	3.6305	3.5225
20	8.0960	5.8489	4.9382	4.4307	4.1027	3.8714	3.6987	3.5644	3.4567
21	8.0166	5.7804	4.8740	4.3688	4.0421	3.8117	3.6396	3.5056	3.3981
22	7.9454	5.7190	4.8166	4.3134	3.9880	3.7583	3.5867	3.4530	3.3458
23	7.8811	5.6637	4.7649	4.2636	3.9392	3.7102	3.5390	3.4057	3.2986
24	7.8229	5.6136	4.7181	4.2184	3.8951	3.6667	3.4959	3.3629	3.2560
25	7.7698	5.5680	4.6755	4.1774	3.8550	3.6272	3.4568	3.3239	3.2172
26	7.7213	5.5263	4.6366	4.1400	3.8183	3.5911	3.4210	3.2884	3.1818
27	7.6767	5.4881	4.6009	4.1056	3.7848	3.5580	3.3882	3.2558	3.1494
28	7.6356	5.4529	4.5681	4.0740	3.7539	3.5276	3.3581	3.2259	3.1195
29	7.5977	5.4204	4.5378	4.0449	3.7254	3.4995	3.3303	3.1982	3.0920
30	7.5625	5.3903	4.5097	4.0179	3.6990	3.4735	3.3045	3.1726	3.0665
40	7.3141	5.1785	4.3126	3.8283	3.5138	3.2910	3.1238	2.9930	2.8876
60	7.0771	4.9774	4.1259	3.6490	3.3389	3.1187	2.9530	2.8233	2.7185
120	6.8509	4.7865	3.9491	3.4795	3.1735	2.9559	2.7918	2.6629	2.5586
∞	6.6349	4.6052	3.7816	3.3192	3.0173	2.8020	2.6393	2.5113	2.4073

分母之自由度

資料來源：摩林頓普渡與湯普遜合著，轉換貝他（F）分配百分點表，生物統計學報 33 期（1943）：第 80－84 頁，已獲允許轉載。（續下頁）

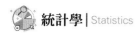

分子之自由度

附表 5 F 分配表（右尾 α=0.01）（續）

df_1 \ df_2	10	12	15	20	24	30	40	60	120	∞
1	6055.8	6106.3	6157.3	6208.7	6234.6	6260.6	6286.8	6313.0	6339.4	6365.9
2	99.399	99.416	99.433	99.449	99.458	99.466	99.474	99.482	99.491	99.499
3	27.229	27.052	26.872	26.690	26.598	26.505	26.411	26.316	26.221	26.125
4	14.546	14.374	14.198	14.020	13.929	13.838	13.745	13.652	13.558	13.463
5	10.051	9.8883	9.7222	9.5526	9.4665	9.3793	9.2912	9.2020	9.1118	9.0204
6	7.8741	7.7183	7.5590	7.3958	7.3127	7.2285	7.1432	7.0567	6.9690	6.8800
7	6.6201	6.4691	6.3143	6.1554	6.0743	5.9920	5.9084	5.8236	5.7373	5.6495
8	5.8143	5.6667	5.5151	5.3591	5.2793	5.1981	5.1156	5.0316	4.9461	4.8588
9	5.2565	5.1114	4.9621	4.8080	4.7290	4.6486	4.5666	4.4831	4.3978	4.3105
10	4.8491	4.7059	4.5581	4.4054	4.3269	4.2469	4.1653	4.0819	3.9965	3.9090
11	4.5393	4.3974	4.2509	4.0990	4.0209	3.9411	3.8596	3.7761	3.6904	3.6024
12	4.2961	4.1553	4.0096	3.8584	3.7805	3.7008	3.6192	3.5355	3.4494	3.3608
13	4.1003	3.9603	3.8154	3.6646	3.5868	3.5070	3.4253	3.3413	3.2548	3.1654
14	3.9394	3.8001	3.6557	3.5052	3.4274	3.3476	3.2656	3.1813	3.0942	3.0040
15	3.8049	3.6662	3.5222	3.3719	3.2940	3.2141	3.1319	3.0471	2.9595	2.8684
16	3.6909	3.5527	3.4089	3.2587	3.1808	3.1007	3.0182	2.9330	2.8447	2.7528
17	3.5931	3.4552	3.3117	3.1615	3.0835	3.0032	2.9205	2.8348	2.7459	2.6530
18	3.5082	3.3706	3.2273	3.0771	2.9990	2.9185	2.8354	2.7493	2.6597	2.5660
19	3.4338	3.2965	3.1533	3.0031	2.9249	2.8442	2.7608	2.6742	2.5839	2.4893
20	3.3682	3.2311	3.0880	2.9377	2.8594	2.7785	2.6947	2.6077	2.5168	2.4212
21	3.3098	3.1730	3.0300	2.8796	2.8010	2.7200	2.6359	2.5484	2.4568	2.3603
22	3.2576	3.1209	2.9779	2.8274	2.7488	2.6675	2.5831	2.4951	2.4029	2.3055
23	3.2106	3.0740	2.9311	2.7805	2.7017	2.6202	2.5355	2.4471	2.3542	2.2558
24	3.1681	3.0316	2.8887	2.7380	2.6591	2.5773	2.4923	2.4035	2.3100	2.2107
25	3.1294	2.9931	2.8502	2.6993	2.6203	2.5383	2.4530	2.3637	2.2696	2.1694
26	3.0941	2.9578	2.8150	2.6640	2.5848	2.5026	2.4170	2.3273	2.2325	2.1315
27	3.0618	2.9256	2.7827	2.6316	2.5522	2.4699	2.3840	2.2938	2.1985	2.0965
28	3.0320	2.8959	2.7530	2.6017	2.5223	2.4397	2.3535	2.2629	2.1670	2.0642
29	3.0045	2.8685	2.7256	2.5742	2.4946	2.4118	2.3253	2.2344	2.1379	2.0342
30	2.9791	2.8431	2.7002	2.5487	2.4689	2.3860	2.2992	2.2079	2.1108	2.0062
40	2.8005	2.6648	2.5216	2.3689	2.2880	2.2034	2.1142	2.0194	1.9172	1.8047
60	2.6318	2.4961	2.3523	2.1978	2.1154	2.0285	1.9360	1.8363	1.7263	1.6006
120	2.4721	2.3363	2.1915	2.0346	1.9500	1.8600	1.7628	1.6557	1.5330	1.3805
∞	2.3209	2.1847	2.0385	1.8783	1.7908	1.6964	1.5923	1.4730	1.3246	1.0000

分母之自由度

附表 5 　F 分配表（右尾 α=0.025）

分子之自由度

df_1 df_2	1	2	3	4	5	6	7	8	9
1	647.79	799.50	864.16	899.58	921.85	937.11	948.22	956.66	963.28
2	38.506	39.000	39.165	39.248	39.298	39.331	39.335	39.373	39.387
3	17.443	16.044	15.439	15.101	14.885	14.735	14.624	14.540	14.473
4	12.218	10.649	9.9792	9.6045	9.3645	9.1973	9.0741	8.9796	8.9047
5	10.007	8.4336	7.7636	7.3879	7.1464	6.9777	6.8531	6.7572	6.6811
6	8.8131	7.2599	6.5988	6.2272	5.9876	5.8198	5.6955	5.5996	5.5234
7	8.0727	6.5415	5.8898	5.5226	5.2852	5.1186	4.9949	4.8993	4.8232
8	7.5709	6.0595	5.4160	5.0526	4.8173	4.6517	4.5286	4.4333	4.3572
9	7.2093	5.7147	5.0781	4.7181	4.4844	4.3197	4.1970	4.1020	4.0260
10	6.9367	5.4564	4.8256	4.4683	4.2361	4.0721	3.9498	3.8549	3.7790
11	6.7241	5.2559	4.6300	4.2751	4.0440	3.8807	3.7586	3.6638	3.5879
12	6.5538	5.0959	4.4742	4.1212	3.8911	3.7283	3.6065	3.5118	3.4358
13	6.4143	4.9653	4.3472	3.9959	3.7667	3.6043	3.4827	3.3880	3.3120
14	6.2979	4.8567	4.2417	3.8919	3.6634	3.5014	3.3799	3.2853	3.2093
15	6.1995	4.7650	4.1528	3.8043	3.5764	3.4147	3.2934	3.1987	3.1227
16	6.1151	4.6867	4.0768	3.7294	3.5021	3.3406	3.2194	3.1248	3.0488
17	6.0420	4.6189	4.0112	3.6648	3.4379	3.2767	3.1556	3.0610	2.9849
18	5.9781	4.5597	3.9539	3.6083	3.3820	3.2209	3.0999	3.0053	2.9291
19	5.9216	4.5075	3.9034	3.5587	3.3327	3.1718	3.0509	2.9563	2.8801
20	5.8715	4.4613	3.8587	3.5147	3.2891	3.1283	3.0074	2.9128	2.8365
21	5.8266	4.4199	3.8188	3.4754	3.2501	3.0895	2.9686	2.8740	2.7977
22	5.7863	4.3828	3.7829	3.4401	3.2151	3.0546	2.9338	2.8392	2.7628
23	5.7498	4.3492	3.7505	3.4083	3.1835	3.0232	2.9023	2.8077	2.7313
24	5.7166	4.3187	3.7211	3.3794	3.1548	2.9946	2.8738	2.7791	2.7027
25	5.6864	4.2909	3.6943	3.3530	3.1287	2.9685	2.8478	2.7531	2.6766
26	5.6586	4.2655	3.6697	3.3289	3.1048	2.9447	2.8240	2.7293	2.6528
27	5.6331	4.2421	3.6472	3.3067	3.0828	2.9228	2.8021	2.7074	2.6309
28	5.6096	4.2205	3.6264	3.2863	3.0626	2.9027	2.7820	2.6872	2.6106
29	5.5878	4.2006	3.6072	3.2674	3.0438	2.8840	2.7633	2.6686	2.5919
30	5.5675	4.1821	3.5894	3.2499	3.0265	2.8667	2.7460	2.6513	2.5746
40	5.4239	4.0510	3.4633	3.1261	2.9037	2.7444	2.6238	2.5289	2.4519
60	5.2856	3.9253	3.3425	3.0077	2.7863	2.6274	2.5068	2.4117	2.3344
120	5.1523	3.8046	3.2269	2.8943	2.6740	2.5154	2.3948	2.2994	2.2217
∞	5.0239	3.6889	3.1161	2.7858	2.5665	2.4082	2.2875	2.1918	2.1136

分母之自由度

（續下頁）

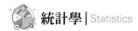

附表 5　F 分配表（右尾 α=0.025）（續）

分子之自由度

df_1 / df_2	10	12	15	20	24	30	40	60	120	8
1	968.63	976.71	984.87	993.10	997.25	1001.4	1005.6	1009.8	1014.0	1018.3
2	39.398	39.415	39.431	39.448	39.456	39.465	39.473	39.481	39.490	39.498
3	14.419	14.337	14.253	14.167	14.124	14.081	14.037	13.992	13.947	13.902
4	8.8439	8.7512	8.6565	8.5599	8.5109	8.4613	8.4111	8.3604	8.3092	8.2573
5	6.6192	6.5245	6.4277	6.3286	6.2780	6.2269	6.1750	6.1225	6.0693	6.0153
6	5.4613	5.3662	5.2687	5.1684	5.1172	5.0652	5.0125	4.9589	4.9044	4.8491
7	4.7611	4.6658	4.5678	4.4667	4.4150	4.3624	4.3089	4.2544	4.1989	4.1423
8	4.2951	4.1997	4.1012	3.9995	3.9472	3.8940	3.8398	3.7844	3.7279	3.6702
9	3.9639	3.8682	3.7694	3.6669	3.6142	3.5604	3.5055	3.4493	3.3918	3.3329
10	3.7168	3.6209	3.5217	3.4185	3.3654	3.3110	3.2554	3.1984	3.1399	3.0798
11	3.5257	3.4296	3.3299	3.2261	3.1725	3.1176	3.0613	3.0035	2.9441	2.8828
12	3.3736	3.2773	3.1772	3.0728	3.0187	2.9633	2.9063	2.8478	2.7874	2.7249
13	3.2497	3.1532	3.0527	2.9477	2.8932	2.8372	2.7797	2.7204	2.6590	2.5955
14	3.1469	3.0502	2.9493	2.8437	2.7888	2.7324	2.6742	2.6142	2.5519	2.4872
15	3.0602	2.9633	2.8621	2.7559	2.7006	2.6437	2.5850	2.5242	2.4611	2.3953
16	2.9862	2.8890	2.7875	2.6808	2.6252	2.5678	2.5085	2.4471	2.3831	2.3163
17	2.9222	2.8249	2.7230	2.6158	2.5598	2.5020	2.4422	2.3801	2.3153	2.2474
18	2.8664	2.7689	2.6667	2.5590	2.5027	2.4445	2.3842	2.3214	2.2558	2.1869
19	2.8172	2.7196	2.6171	2.5089	2.4523	2.3937	2.3329	2.2696	2.2032	2.1333
20	2.7737	2.6758	2.5731	2.4645	2.4076	2.3486	2.2873	2.2234	2.1562	2.0853
21	2.7348	2.6368	2.5338	2.4247	2.3675	2.3082	2.2465	2.1819	2.1141	2.0422
22	2.6998	2.6017	2.4984	2.3890	2.3315	2.2718	2.2097	2.1446	2.0760	2.0032
23	2.6682	2.5699	2.4665	2.3567	2.2989	2.2389	2.1763	2.1107	2.0415	1.9677
24	2.6396	2.5411	2.4374	2.3273	2.2693	2.2090	2.1460	2.0799	2.0099	1.9353
25	2.6135	2.5149	2.4110	2.3005	2.2422	2.1816	2.1183	2.0516	1.9811	1.9055
26	2.5896	2.4908	2.3867	2.2759	2.2174	2.1565	2.0928	2.0257	1.9545	1.8781
27	2.5676	2.4688	2.3644	2.2533	2.1946	2.1334	2.0693	2.0018	1.9299	1.8527
28	2.5473	2.4484	2.3438	2.2324	2.1735	2.1121	2.0477	1.9797	1.9072	1.8291
29	2.5286	2.4295	2.3248	2.2131	2.1540	2.0923	2.0276	1.9591	1.8861	1.8072
30	2.5112	2.4120	2.3072	2.1952	2.1359	2.0739	2.0089	1.9400	1.8664	1.7867
40	2.3882	2.2882	2.1819	2.0677	2.0069	1.9429	1.8752	1.8028	1.7242	1.6371
60	2.2702	2.1692	2.0613	1.9445	1.8817	1.8152	1.7440	1.6668	1.5810	1.4821
120	2.1570	2.0548	1.9450	1.8249	1.7597	1.6899	1.6141	1.5299	1.4327	1.3104
8	2.0483	1.9447	1.8326	1.7085	1.6402	1.5660	1.4835	1.3883	1.2684	1.0000

分母之自由度

附表 5　F 分配表（右尾 α=0.05）

分子之自由度

df_1 df_2	1	2	3	4	5	6	7	8	9
1	161.45	199.50	215.71	224.58	230.16	233.99	236.77	238.88	240.54
2	18.513	19.000	19.164	19.247	19.296	19.330	19.353	19.371	19.385
3	10.128	9.5521	9.2766	9.1172	9.0135	8.9406	8.8867	8.8452	8.8123
4	7.7086	6.9443	6.5914	6.3882	6.2561	6.1631	6.0942	6.0410	5.9988
5	6.6079	5.7861	5.4095	5.1922	5.0503	4.9503	4.8759	4.8183	4.7725
6	5.9874	5.1433	4.7571	4.5337	4.3874	4.2839	4.2067	4.1468	4.0990
7	5.5914	4.7374	4.3468	4.1203	3.9715	3.8660	3.7870	3.7257	3.6767
8	5.3177	4.4590	4.0662	3.8379	3.6875	3.5806	3.5005	3.4381	3.3881
9	5.1174	4.2565	3.8625	3.6331	3.4817	3.3738	3.2927	3.2296	3.1789
10	4.9646	4.1028	3.7083	3.4780	3.3258	3.2172	3.1355	3.0717	3.0204
11	4.8443	3.9823	3.5874	3.3567	3.2039	3.0946	3.0123	2.9480	2.8962
12	4.7472	3.8853	3.4903	3.2592	3.1059	2.9961	2.9134	2.8486	2.7964
13	4.6672	3.8056	3.4105	3.1791	3.0254	2.9153	2.8321	2.7669	2.7144
14	4.6001	3.7389	3.3439	3.1122	2.9582	2.8477	2.7642	2.6987	2.6458
15	4.5431	3.6823	3.2874	3.0556	2.9013	2.7905	2.7066	2.6408	2.5876
16	4.4940	3.6337	3.2389	3.0069	2.8524	2.7413	2.6572	2.5911	2.5377
17	4.4513	3.5915	3.1968	2.9647	2.8100	2.6987	2.6143	2.5480	2.4943
18	4.4139	3.5546	3.1599	2.9277	2.7729	2.6613	2.5767	2.5102	2.4563
19	4.3807	3.5219	3.1274	2.8951	2.7401	2.6283	2.5435	2.4768	2.4227
20	4.3512	3.4928	3.0984	2.8661	2.7109	2.5990	2.5140	2.4471	2.3928
21	4.3248	3.4668	3.0725	2.8401	2.6848	2.5727	2.4876	2.4205	2.3660
22	4.3009	3.4434	3.0491	2.8167	2.6613	2.5491	2.4638	2.3965	2.3419
23	4.2793	3.4221	3.0280	2.7955	2.6400	2.5277	2.4422	2.3748	2.3201
24	4.2597	3.4028	3.0088	2.7763	2.6207	2.5082	2.4226	2.3551	2.3002
25	4.2417	3.3852	2.9912	2.7587	2.6030	2.4904	2.4047	2.3371	2.2821
26	4.2252	3.3690	2.9752	2.7426	2.5868	2.4741	2.3883	2.3205	2.2655
27	4.2100	3.3541	2.9604	2.7278	2.5719	2.4591	2.3732	2.3053	2.2501
28	4.1960	3.3404	2.9467	2.7141	2.5581	2.4453	2.3593	2.2913	2.2360
29	4.1830	3.3277	2.9340	2.7014	2.5454	2.4324	2.3463	2.2783	2.2229
30	4.1709	3.3158	2.9223	2.6896	2.5336	2.4205	2.3343	2.2662	2.2107
40	4.0847	3.2317	2.8387	2.6060	2.4495	2.3359	2.2490	2.1802	2.1240
60	4.0012	3.1504	2.7581	2.5252	2.3683	2.2541	2.1665	2.0970	2.0401
120	3.9201	3.0718	2.6802	2.4472	2.2899	2.1750	2.0868	2.0164	1.9588
∞	3.8415	2.9957	2.6049	2.3719	2.2141	2.0986	2.0096	1.9384	1.8799

分母之自由度

（續下頁）

附表 5　F 分配表（右尾 α=0.05）（續）

分子之自由度

df_2 \ df_1	10	12	15	20	24	30	40	60	120	∞
1	241.88	243.91	245.95	248.01	249.05	250.10	251.14	252.20	253.25	254.31
2	19.396	19.413	19.429	19.446	19.454	19.462	19.471	19.479	19.487	19.496
3	8.7855	8.7446	8.7029	8.6602	8.6385	8.6166	8.5944	8.5720	8.5494	8.5264
4	5.9644	5.9117	5.8578	5.8025	5.7744	5.7459	5.7170	5.6877	5.6581	5.6281
5	4.7351	4.6777	4.6188	4.5581	4.5272	4.4957	4.4638	4.4314	4.3985	4.3650
6	4.0600	3.9999	3.9381	3.8742	3.8415	3.8082	3.7743	3.7398	3.7047	3.6689
7	3.6365	3.5747	3.5107	3.4445	3.4105	3.3758	3.3404	3.3043	3.2674	3.2298
8	3.3472	3.2839	3.2184	3.1503	3.1152	3.0794	3.0428	3.0053	2.9669	2.9276
9	3.1373	3.0729	3.0061	2.9365	2.9005	2.8637	2.8259	2.7872	2.7475	2.7067
10	2.9782	2.9130	2.8450	2.7740	2.7372	2.6996	2.6609	2.6211	2.5801	2.5379
11	2.8536	2.7876	2.7186	2.6464	2.6090	2.5705	2.5309	2.4901	2.4480	2.4045
12	2.7534	2.6866	2.6169	2.5436	2.5055	2.4663	2.4259	2.3842	2.3410	2.2962
13	2.6710	2.6037	2.5331	2.4589	2.4202	2.3803	2.3392	2.2966	2.2524	2.2064
14	2.6022	2.5342	2.4630	2.3879	2.3487	2.3082	2.2664	2.2229	2.1778	2.1307
15	2.5437	2.4753	2.4034	2.3275	2.2878	2.2468	2.2043	2.1601	2.1141	2.0658
16	2.4935	2.4247	2.3522	2.2756	2.2354	2.1938	2.1507	2.1058	2.0589	2.0096
17	2.4499	2.3807	2.3077	2.2304	2.1898	2.1477	2.1040	2.0584	2.0107	1.9604
18	2.4117	2.3421	2.2686	2.1906	2.1497	2.1071	2.0629	2.0166	1.9681	1.9168
19	2.3779	2.3080	2.2341	2.1555	2.1141	2.0712	2.0264	1.9795	1.9302	1.8780
20	2.3479	2.2776	2.2033	2.1242	2.0825	2.0391	1.9938	1.9464	1.8963	1.8432
21	2.3210	2.2504	2.1757	2.0960	2.0540	2.0102	1.9645	1.9165	1.8657	1.8117
22	2.2967	2.2258	2.1508	2.0707	2.0283	1.9842	1.9380	1.8894	1.8380	1.7831
23	2.2747	2.2036	2.1282	2.0476	2.0050	1.9605	1.9139	1.8648	1.8128	1.7570
24	2.2547	2.1834	2.1077	2.0267	1.9838	1.9390	1.8920	1.8424	1.7896	1.7330
25	2.2365	2.1649	2.0889	2.0075	1.9643	1.9192	1.8718	1.8217	1.7684	1.7110
26	2.2197	2.1479	2.0716	1.9898	1.9464	1.9010	1.8533	1.8027	1.7488	1.6906
27	2.2043	2.1323	2.0558	1.9736	1.9299	1.8842	1.8361	1.7851	1.7306	1.6717
28	2.1900	2.1179	2.0411	1.9586	1.9147	1.8687	1.8203	1.7689	1.7138	1.6541
29	2.1768	2.1045	2.0275	1.9446	1.9005	1.8543	1.8055	1.7537	1.6981	1.6376
30	2.1646	2.0921	2.0148	1.9317	1.8874	1.8409	1.7918	1.7396	1.6835	1.6223
40	2.0772	2.0035	1.9245	1.8389	1.7929	1.7444	1.6928	1.6373	1.5766	1.5089
60	1.9926	1.9174	1.8364	1.7480	1.7001	1.6491	1.5943	1.5343	1.4673	1.3893
120	1.9105	1.8337	1.7505	1.6587	1.6084	1.5543	1.4952	1.4290	1.3519	1.2539
∞	1.8307	1.7522	1.6664	1.5705	1.5173	1.4591	1.3940	1.3180	1.2214	1.0000

分母之自由度

軟體操作Ⅰ　小算盤操作示範

※前置作業

步驟一：點擊「開始」

步驟二：點擊「所有程式」

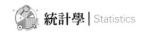

步驟三：滑鼠的滾輪往下滑，點擊「附屬應用程式」

步驟四：再來點擊裡面的「小算盤」

步驟五：已完成開啟小算盤

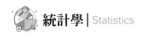

※使用小算盤求出「統計資料」

試操作小算盤求出

1. 平均數

2. 母體標準差

3. 樣本標準差

4. 總和

步驟一：已點擊檢視(V)裡的「統計資料(A)」

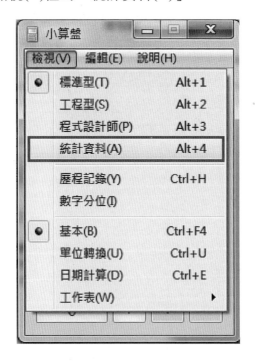

步驟二：點選後呈現如下

步驟三：輸入任四筆資料，如：15、28.3、46、15.814

輸入一筆資料
(15) 完，就必
須按一次 Add

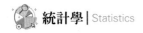

步驟四：輸入第二筆資料「28.3」後，一樣要按一下 Add

步驟五：將四筆資料輸入完畢

步驟六： 點選「平均數」（ $\bar{x}$ ）按鈕，可得到「平均數」；點選「母體標
準差」（ σ_n ）按鈕，可得到「母體標準差」

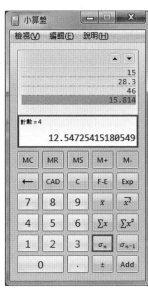

步驟七： 點選「樣本標準差」（ σ_{n-1} ）按鈕，可得到「樣本標準差」；點
選「總和」（ $\sum x$ ）按鈕，可得到「總和」

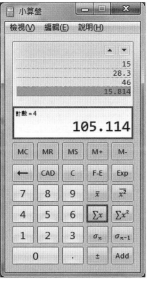

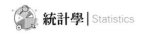

※使用「工程型」小算盤求「X 的 Y 次方」

試求出 8809 的 16 次方

步驟一：已點擊檢視(V)裡的「工程型(S)」

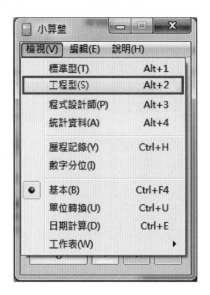

步驟二：點選後呈現如下

步驟三：輸入 8809

步驟四：接著點擊 x^y

步驟五：再輸入 16

步驟六：按下「＝」，即可得到答案

※使用小算盤「進制轉換」功能

試計算 234 的 8 進位、16 進位、10 進位及 2 進位

步驟一：點擊檢視(V)裡的「程式設計師(P)」

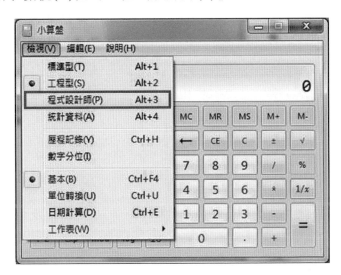

步驟二：點選後呈現如下

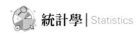

步驟三：先勾選左手邊的 8 進位，再輸入 234

步驟四：再勾選左手邊的 16 進位，就能知道答案

步驟五：接著勾選 10 進位，可看到答案

步驟六：勾選 2 進位，得到答案

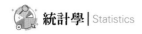

軟體操作 2　EXCEL 2010 統計圖表操作

一、間斷資料－EXCEL 2010 樞紐分析以及圖表精靈

這裡可以先做樞紐分析，再由樞紐分析所得的資料轉換成圖表。

步驟一： 先在資料前插入一行新的儲存格，選取第一欄資料，點選左鍵
按「插入」，在新的第一欄打上流水號或編號

步驟二： 利用 Excel 的填滿功能給予編號

先在流水號下方的儲存格打 1 跟 2 的數列，用滑鼠選取起來，
再將滑鼠移到右下角，出現黑色十字後按住左鍵往下拖曳，右
邊拉霸選擇「以數列方式填滿」，編號便自動完成了

為了美觀，可加上
格線並將文字置中

步驟三： 從「插入」找到「樞紐分析表」，點選「選取表格範圍」的按
鍵

要選取資料範圍時請點選這裡

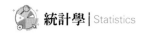

步驟四：選取要的範圍

虛線部分便是資料的範圍

選取完資料範圍後再點選這裡

步驟五：接著選擇要擺放樞紐分析表的位置

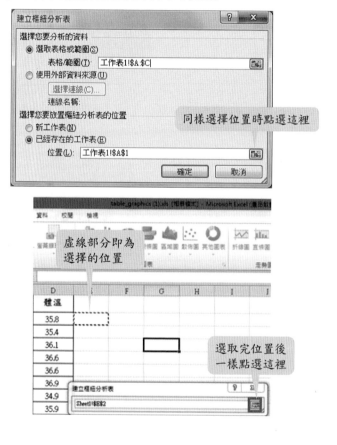

同樣選擇位置時點選這裡

虛線部分即為選擇的位置

選取完位置後一樣點選這裡

步驟六：選擇完畢後按「確定」

步驟七：之後會出現樞紐分析表及欄位清單，再將資料拖曳到正確的欄
　　　　　位上

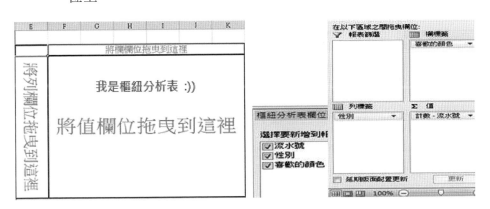

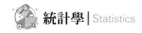

步驟八： 樞紐分析表製作完成

計數 - 流水號	喜歡的顏色 ▼				
性別 ▼	紅	綠	藍	(空白)	總計
女	10	7	4		21
男	3	2	4		9
(空白)					
總計	13	9	8		30

⊙**補充說明：** 樞紐分析表呈現方式轉換

(1) 有時候製作完成的樞紐分析表會呈現出不符我們需求的情形，例如資料變成加總型態的，而我們所需的是計數型態的

加總 - 流水號	喜歡的顏色 ▼				
性別 ▼	紅	綠	藍	(空白)	總計
女	154	109	59		322
男	49	25	69		143
(空白)					
總計	203	134	128		465

(2) 想要轉換呈現型態，可在加總的儲存格上點選滑鼠左鍵，再按「值欄位設定」

	E	F				I	J	K
新細明體 ▼ 12 ▼ A A $ ▼ % ，
B I ≡ ☰ ▼ A ▼ ☰ ▼ ‰ ₀₀ ✦

加總 - 流水號	喜歡的顏色 ▼				
性別	複製(C)		藍	(空白)	總計
女	儲存格格式(F)...	109	59		322
男	數字格式(T)...	25	69		143
(空白)	重新整理(R)				
總計	排序(S) ▶	134	128		465
	✕ 移除 "加總 - 流水號"(V)				
	摘要值方式(M) ▶				
	值的顯示方式(A) ▶				
	🔢 值欄位設定(N)...				
	樞紐分析表選項(O)...				
	🔲 隱藏欄位清單(D)				

(3) 再點選「項目個數」，按「確定」，便可顯現出所需型式

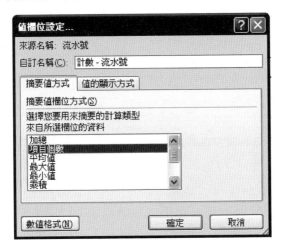

步驟九： 接著我們要用圖表精靈製作橫條圖表，首先把樞紐分析表的資料拉出來，呈現表格型式，並加上格線以便閱讀

計數 - 流水號	喜歡的顏色 ▼				
性別　　　▼	紅	綠	藍	(空白)	總計
女	10	7	4		21
男	3	2	4		9
(空白)					
總計	13	9	8		30

↓

	紅	綠	藍
女	10	7	4
男	3	2	4

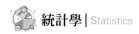

步驟十： 選好表格資料後，點選「插入」→「圖表精靈」→「橫條圖」，橫條圖就會顯現出來

	紅	綠	藍
女	10	7	4
男	3	2	4

一定要把資料框起來
不然讀取不到資料
圖表就不會顯現出來

橫條圖　區域圖　散佈圖　其他圖表

平面橫條圖

群組橫條圖

使用水平矩形比較不同類別中的同一項目的值。

當圖表的值代表期間，或當類別文字較長時使用。

圓錐圖

金字塔圖

所有圖表類型(A)...

	紅	綠	藍
女	10	7	4
男	3	2	4

■男
■女

步驟十一：　若想在圖表上做出男左女右的重疊效果，可將男生的表格資
料加上負號

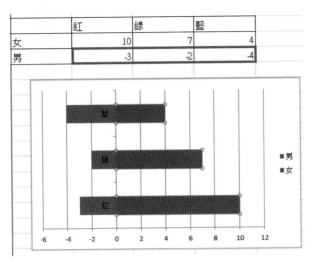

步驟十二：　接著可再進一步製作成左右重疊的狀態以便閱讀。選取資料
後點選左鍵，按「資料數列格式」，將重疊的百分比拉至最
右邊(100%)

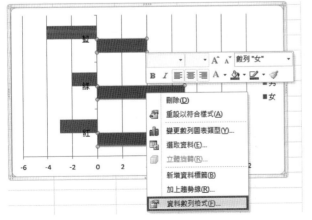

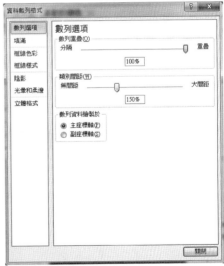

步驟十三：重疊完成後如下

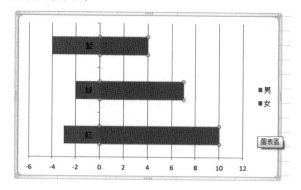

步驟十四：接著可再把資料詳細的顯現出來。點選女生資料後按左鍵，
再按「新增資料標籤」，即可顯現數值資料

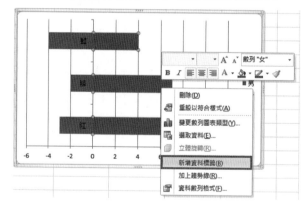

顯示出數值標籤（如下）

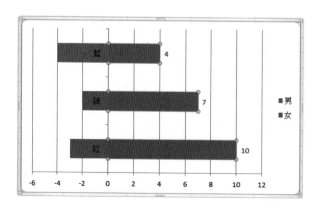

步驟十五：如想呈現更多資料，可再次選取女生資料，按左鍵後點選
「資料標籤格式」，將所有標籤都勾選起來

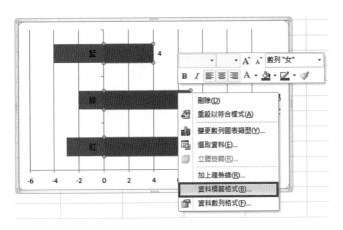

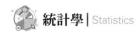

步驟十六：之後即可顯示所有資料

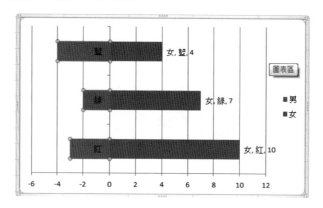

步驟十七：男生資料標籤亦可如上述步驟操作，顯示出所有詳細資料

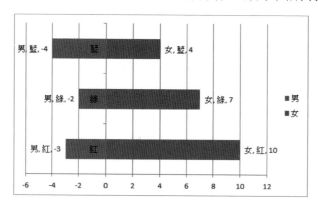

步驟十八：最後可再調整一下位置，讓圖表更加整齊美觀

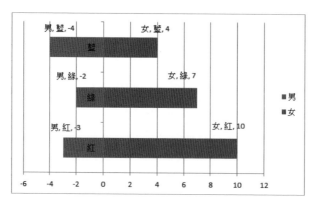

⊙**補充說明：**如何美化圖表

圖表中的顏色為系統預設，也可修改使圖表更加美觀。假設要改變女生資料，可先點選女生資料橫條圖，再利用「填滿色彩」工具進行換色即可。

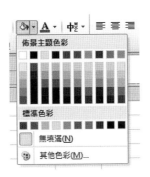

步驟十九：完成

計數 - 流水號	喜歡的顏色				
性別	紅	綠	藍	(空白)	總計
女	10	7	4		21
男	3	2	4		9
(空白)					
總計	13	9	8		30

	紅	綠	藍
女	10	7	4
男	-3	-2	-4

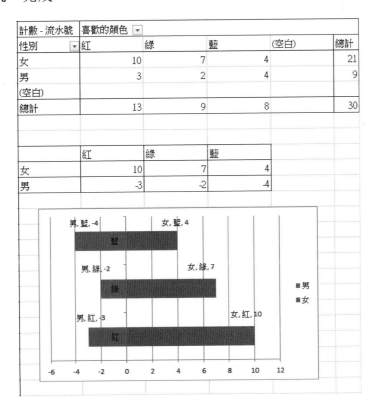

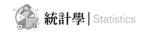

二、連續資料－EXCEL 2010 資料分析

我們也可利用 EXCEL 的資料分析功能求出所需的數值資料。

步驟一：打開 EXCEL 後，點選「資料分析」，再從跳出的視窗中選擇
「敘述統計」後，按「確定」

步驟二：從敘述統計視窗中，點選「輸入」→「輸入範圍」右側小圖，
以選擇資料範圍

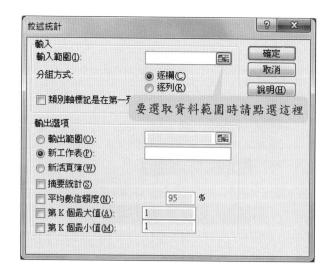

步驟三：選取資料範圍，選完後點選上一步驟的小圖

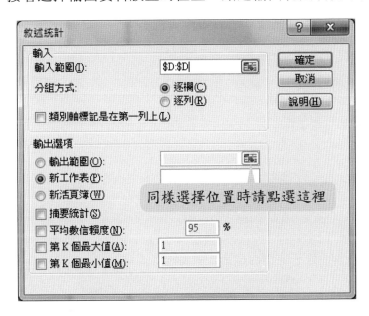

步驟四：接著選擇輸出資料放置的位置，點選輸出範圍右側小圖

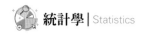

步驟五： 選取位置，選完後點選上一步驟的小圖

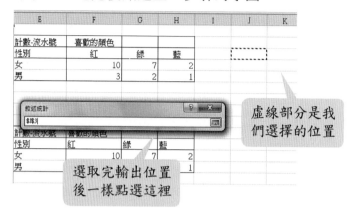

虛線部分是我們選擇的位置

選取完輸出位置後一樣點選這裡

步驟六： 勾選「類別軸標記是在第一列上」，來指定選取資料的第一列為資料名稱

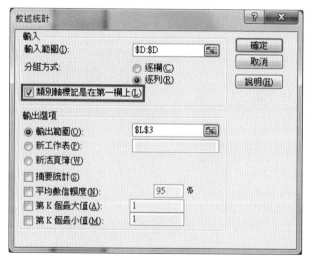

⊙ **補充說明：** 如未勾選「類別軸標記是在第一列上」，因為選取資料的第一列為文字，將出現下方視窗，使操作無法繼續進行

步驟七：之後勾選「摘要統計」為我們所需的顯示方式，再按下「確定」

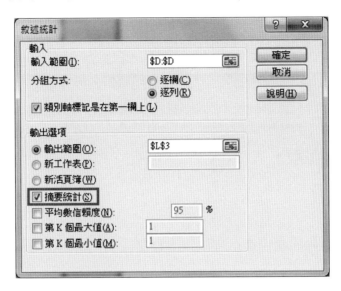

步驟八：結果顯示如下，大功告成

平均數指的是六個統計量的平均

中間值指的是中位數

眾數的顯示結果，表示找不到眾數

標準差是指六個統計量的離中量

範圍指的是全距

四分位差在電腦上則無法顯示

體溫	
平均數	35.9264
標準誤	0.108398
中間值	35.8269
眾數	#N/A
標準差	0.59372
變異數	0.352505
峰度	-0.38191
偏態	0.345319
範圍	2.27962
最小值	34.90821
最大值	37.18783
總和	1077.793
個數	30

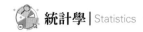

三、製作直方圖

步驟一： 開啟 EXCEL，在第一格輸入「身高-1」，滑鼠移到右下角，出現加號時，按住左鍵往右拖曳

步驟二： 往右拖曳後，會依序出現「身高-1」、「身高-2」、「身高-3」…

步驟三： 點選「資料」→「資料分析」中的「亂數產生器」，按「確定」

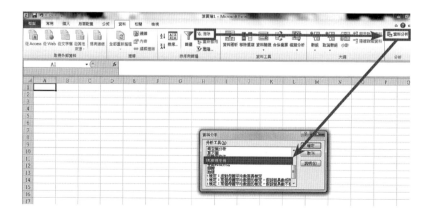

步驟四： 設定圖中假設，輸出範圍(O)：點選第一排
第二個(A2)，按下「確定」

步驟五： 身高-1 輸
出完成

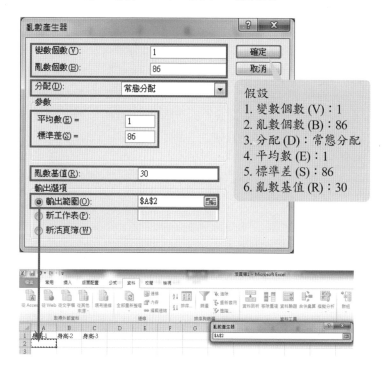

假設
1. 變數個數 (V)：1
2. 亂數個數 (B)：86
3. 分配 (D)：常態分配
4. 平均數 (E)：1
5. 標準差 (S)：86
6. 亂數基值 (R)：30

	A	B	C
1	身高-1	身高-2	身高-3
2	-226.003		
3	-122.182		
4	-232.908		
5	-106.814		
6	49.47861		
7	146.8739		
8	-106.887		
9	-42.7983		
10	-12.9123		
11	-42.7459		
12	-146.451		
13	110.1997		
14	-43.2033		
15	-85.5184		
16	137.9091		
17	-29.9757		
18	81.57067		
19	39.06545		
20	63.84621		
21	188.7885		
22	-113.598		
23	-89.45		
24	19.1531		

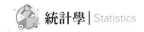

步驟六：設定圖中假設，輸出範圍(O)：點選第二排第　**步驟七：**身高-2 輸
二個(B2)，按下「確定」　　　　　　　　　　出完成

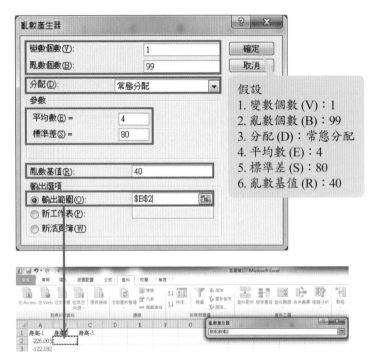

假設
1. 變數個數 (V)：1
2. 亂數個數 (B)：99
3. 分配 (D)：常態分配
4. 平均數 (E)：4
5. 標準差 (S)：80
6. 亂數基值 (R)：40

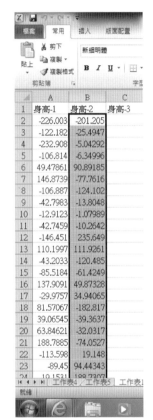

步驟八： 設定圖中假設，輸出範圍(O)：點選第三排第二個(C2)，按下「確定」

步驟九： 身高-3 輸出完成

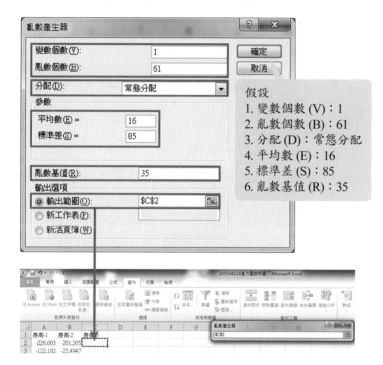

假設
1. 變數個數 (V)：1
2. 亂數個數 (B)：61
3. 分配 (D)：常態分配
4. 平均數 (E)：16
5. 標準差 (S)：85
6. 亂數基值 (R)：35

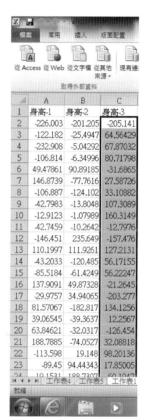

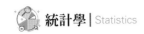
步驟十：將「身高-1」、「身高-2」、「身高-3」這三欄資料文字置中

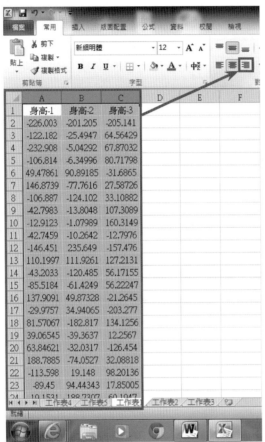

步驟十一：選取「身高-1」、「身高-2」、「身高-3」三欄資料，按右鍵，點選「儲存格格式」

步驟十二： 點選「數值」→「小數位數」→「0」，　　**步驟十三：** 顯示結果
按「確定」

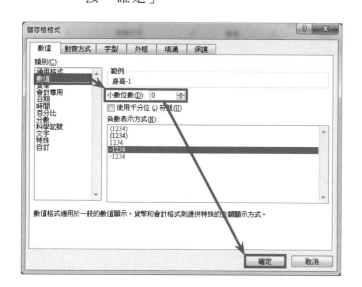

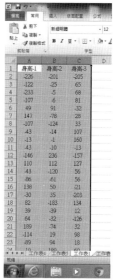

步驟十四： 點選「資料」→「資料分析」→「敘述統計」，再按「確定」

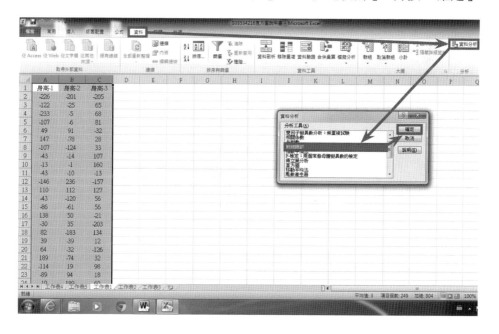

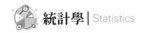

步驟十五： 「輸入範圍(I)」選取「$A：$C」（身高-1、身高-2、身高-3）

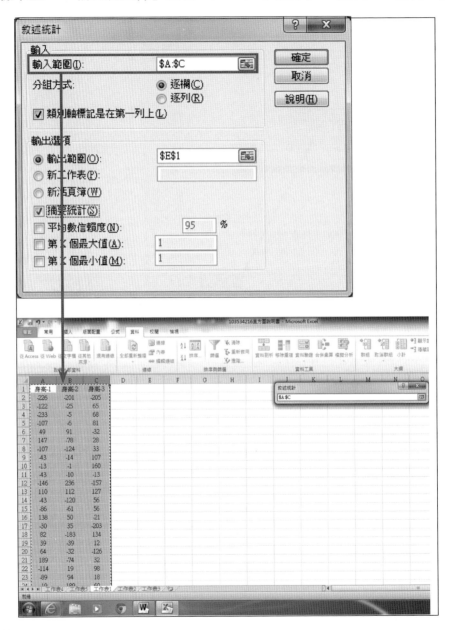

步驟十六：輸出範圍(O)選取「E1」（E 排的第 1 個）

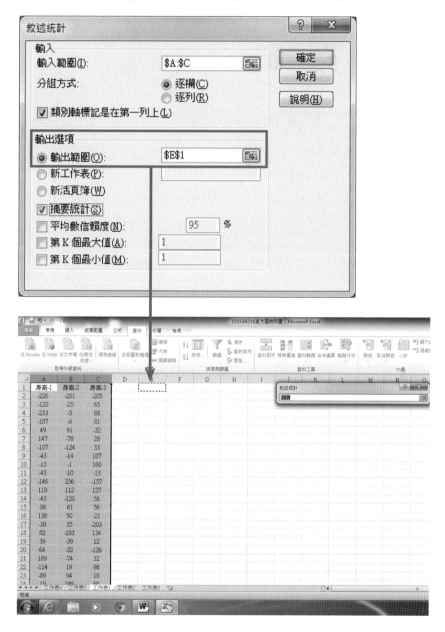

步驟十七： 勾選「別軸標記是在第一列上(L)」、「摘要統計(S)」，按下「確定」

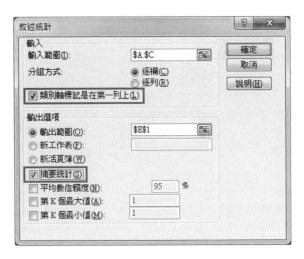

步驟十八： 選取「範圍」及「最小值」，把字體加粗、字的顏色改明顯一些

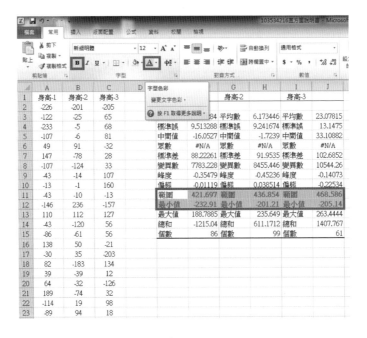

步驟十九： 在左手邊選擇一格填入「組距-1」，再向右拖曳形成「組距-2」、「組距-3」

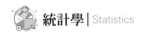
步驟二十： 在左手邊第二格輸入 1、第三格輸入 2，往下拖曳 7 格，做
出 1~7 數列

步驟二十一： 在「身高-1」下方輸入「=(點選身高-1 的範圍)/7」，再按
下「Enter」

	對齊方式			數值	
E	F	G	H	I	J
身高-1		身高-2		身高-3	
平均數	-14.1284	平均數	6.173446	平均數	23.07815
標準誤	9.513288	標準誤	9.241674	標準誤	13.1475
中間值	-16.0527	中間值	-1.7239	中間值	33.10882
眾數	#N/A	眾數	#N/A	眾數	#N/A
標準差	88.22261	標準差	91.9535	標準差	102.6852
變異數	7783.228	變異數	8455.446	變異數	10544.26
峰度	-0.35479	峰度	-0.45236	峰度	-0.14073
偏態	-0.01119	偏態	0.038514	偏態	-0.22534
範圍	421.697	範圍	436.854	範圍	468.586
最小值	-232.91	最小值	-201.21	最小值	-205.14
最大值	188.7885	最大值	235.649	最大值	263.4444
總和	-1215.04	總和	611.1712	總和	1407.767
個數	86	個數	99	個數	61
	=F11/7				

步驟二十二： 在「身高-2」下方輸入「=(點選身高-2 的範圍)/7」，再按下「Enter」

	E	F	G	H	I	J
	身高-1		身高-2		身高-3	
平均數	-14.1284	平均數	6.173446	平均數	23.07815	
標準誤	9.513288	標準誤	9.241674	標準誤	13.1475	
中間值	-16.0527	中間值	-1.7239	中間值	33.10882	
眾數	#N/A	眾數	#N/A	眾數	#N/A	
標準差	88.22261	標準差	91.9535	標準差	102.6852	
變異數	7783.228	變異數	8455.446	變異數	10544.26	
峰度	-0.35479	峰度	-0.45236	峰度	-0.14073	
偏態	-0.01119	偏態	0.038514	偏態	-0.22534	
範圍	421.697	範圍	436.854	範圍	468.586	
最小值	-232.91	最小值	-201.21	最小值	-205.14	
最大值	188.7885	最大值	235.649	最大值	263.4444	
總和	-1215.04	總和	611.1712	總和	1407.767	
個數	86	個數	99	個數	61	
		60.24238		=H11/7		

步驟二十三： 在「身高-3」下方輸入「=(點選身高-3 的範圍)/7」，再按下「Enter」

	E	F	G	H	I	J
	身高-1		身高-2		身高-3	
平均數	-14.1284	平均數	6.173446	平均數	23.07815	
標準誤	9.513288	標準誤	9.241674	標準誤	13.1475	
中間值	-16.0527	中間值	-1.7239	中間值	33.10882	
眾數	#N/A	眾數	#N/A	眾數	#N/A	
標準差	88.22261	標準差	91.9535	標準差	102.6852	
變異數	7783.228	變異數	8455.446	變異數	10544.26	
峰度	-0.35479	峰度	-0.45236	峰度	-0.14073	
偏態	-0.01119	偏態	0.038514	偏態	-0.22534	
範圍	421.697	範圍	436.854	範圍	468.586	
最小值	-232.91	最小值	-201.21	最小值	-205.14	
最大值	188.7885	最大值	235.649	最大值	263.4444	
總和	-1215.04	總和	611.1712	總和	1407.767	
個數	86	個數	99	個數	61	
		60.24238		62.40776		=J11/7

步驟二十四： 在第一列輸入各自的最小值（小數點後無條件捨去）

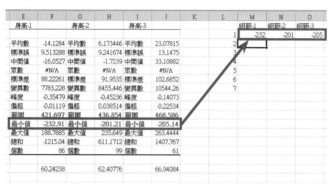

	E	F	G	H	I	J	K	L	M	N	O
	身高-1		身高-2		身高-3				組距-1	組距-2	組距-3
								1	-232	-201	-205
平均數	-14.1284	平均數	6.173446	平均數	23.07815			2			
標準誤	9.513288	標準誤	9.241674	標準誤	13.1475			3			
中間值	-16.0527	中間值	-1.7239	中間值	33.10882			4			
眾數	#N/A	眾數	#N/A	眾數	#N/A			5			
標準差	88.22261	標準差	91.9535	標準差	102.6852			6			
變異數	7783.228	變異數	8455.446	變異數	10544.26			7			
峰度	-0.35479	峰度	-0.45236	峰度	-0.14073						
偏態	-0.01119	偏態	0.038514	偏態	-0.22534						
範圍	421.697	範圍	436.854	範圍	468.586						
最小值	-232.91	最小值	-201.21	最小值	-205.14						
最大值	188.7885	最大值	235.649	最大值	263.4444						
總和	-1215.04	總和	611.1712	總和	1407.767						
個數		86	個數	99	個數	61					
			60.24238		62.40776		66.94084				

步驟二十五： 在「組距-1」第二列輸入「=(點選上方的最小值)+(下方的數字)」，無條件進位，再按下「Enter」

	E	F	G	H	I	J	K	L	M	N	O
	身高-1		身高-2		身高-3				組距-1	組距-2	組距-3
								1	-232	-201	-205
平均數	-14.1284	平均數	6.173446	平均數	23.07815			2	=M2+61		
標準誤	9.513288	標準誤	9.241674	標準誤	13.1475			3			
中間值	-16.0527	中間值	-1.7239	中間值	33.10882			4			
眾數	#N/A	眾數	#N/A	眾數	#N/A			5			
標準差	88.22261	標準差	91.9535	標準差	102.6852			6			
變異數	7783.228	變異數	8455.446	變異數	10544.26			7			
峰度	-0.35479	峰度	-0.45236	峰度	-0.14073						
偏態	-0.01119	偏態	0.038514	偏態	-0.22534						
範圍	421.697	範圍	436.854	範圍	468.586						
最小值	-232.91	最小值	-201.21	最小值	-205.14						
最大值	188.7885	最大值	235.649	最大值	263.4444						
總和	-1215.04	總和	611.1712	總和	1407.767						
個數		86	個數	99	個數	61					
			60.24238		62.40776		66.94084				

步驟二十六： 在「組距-2」第二列輸入「=(點選上方的最小值)+(下方的數字)」，無條件進位，再按下「Enter」

	E	F	G	H	I	J	K	L	M	N	O
	身高-1		身高-2		身高-3				組距-1	組距-2	組距-3
								1	-232	-201	-205
平均數	-14.1284	平均數	6.173446	平均數	23.07815			2	-171	=N2+63	
標準誤	9.513288	標準誤	9.241674	標準誤	13.1475			3			
中間值	-16.0527	中間值	-1.7239	中間值	33.10882			4			
眾數	#N/A	眾數	#N/A	眾數	#N/A			5			
標準差	88.22261	標準差	91.9535	標準差	102.6852			6			
變異數	7783.228	變異數	8455.446	變異數	10544.26			7			
峰度	-0.35479	峰度	-0.45236	峰度	-0.14073						
偏態	-0.01119	偏態	0.038514	偏態	-0.22534						
範圍	421.697	範圍	436.854	範圍	468.586						
最小值	-232.91	最小值	-201.21	最小值	-205.14						
最大值	188.7885	最大值	235.649	最大值	263.4444						
總和	-1215.04	總和	611.1712	總和	1407.767						
個數		86	個數	99	個數	61					
			60.24238		62.40776		66.94084				

步驟二十七： 在「組距-3」第二列輸入「=(點選上方的最小值)+(下方的數字)」，無條件進位，再按下「Enter」

E	F	G	H	I	J	K	L	M	N	O
身高-1		身高-2		身高-3				組距-1	組距-2	組距-3
							1	-232	-201	-205
平均數	-14.1284	平均數	6.173446	平均數	23.07815		2	-171	-138	=O2+67
標準誤	9.513288	標準誤	9.241674	標準誤	13.1475		3			
中間值	-16.0527	中間值	-1.7239	中間值	33.10882		4			
眾數	#N/A	眾數	#N/A	眾數	#N/A		5			
標準差	88.22261	標準差	91.9535	標準差	102.6852		6			
變異數	7783.228	變異數	8455.446	變異數	10544.26		7			
峰度	-0.35479	峰度	-0.45236	峰度	-0.14073					
偏態	-0.01119	偏態	0.038514	偏態	-0.22534					
範圍	421.697	範圍	436.854	範圍	468.586					
最小值	-232.91	最小值	-201.21	最小值	-205.14					
最大值	188.7885	最大值	235.649	最大值	263.4444					
總和	-1215.04	總和	611.1712	總和	1407.767					
個數	86	個數	99	個數	61					
	60.24238		62.40776		66.94084					

步驟二十八： 點選「組距-1」的第 1、2 格，滑鼠移到右下角，看見+號時按住左鍵向下拖曳，使用自動填滿功能填滿到第 7 格。

步驟二十九： 點選「組距-2」的第 1、2 格，滑鼠移到右下角，看見+號時按住左鍵向下拖曳，使用自動填滿功能填滿到第 7 格

步驟三十： 點選「組距-3」的第 1、2 格，滑鼠移到右下角，看見+號時按住左鍵向下拖曳，使用自動填滿功能填滿到第 7 格

步驟三十一： 選取整個表格，加上框線、填滿色彩及文字置中

B	C	D	E	F	G	H	I	J	K	L	M	N	O
身高-2	身高-3		身高-1		身高-2		身高-3				組距-1	組距-2	組距-3
-201	-205									1	-232	-201	-205
-25	65		平均數	-14.1284	平均數	6.173446	平均數	23.07815		2	-171	-138	-138
-5	68		標準誤	9.513288	標準誤	9.241674	標準誤	13.1475		3	-110	-75	-71
-6	81		中間值	-16.0527	中間值	-1.7239	中間值	33.10882		4	-49	-12	-4
91	-32		眾數	#N/A	眾數	#N/A	眾數	#N/A		5	12	51	63
-78	28		標準差	88.22261	標準差	91.9535	標準差	102.6852		6	73	114	130
-124	33		變異數	7783.228	變異數	8455.446	變異數	10544.26		7	134	177	197
-14	107		峰度	-0.35479	峰度	-0.45236	峰度	-0.14073					
-1	160		偏態	-0.01119	偏態	0.038514	偏態	-0.22534					
-10	-13		範圍	421.697	範圍	436.854	範圍	468.586					
236	-157		最小值	-232.91	最小值	-201.21	最小值	-205.14					
112	127		最大值	188.7885	最大值	235.649	最大值	263.4444					
-120	56		總和	-1215.04	總和	611.1712	總和	1407.767					
-61	56		個數		個數	86	個數	99	個數	61			
50	-21												
35	-203				60.24238		62.40776		66.94084				
-183	134												

步驟三十二： 點選「資料」→「資料分析」→「直方圖」，按下「確定」

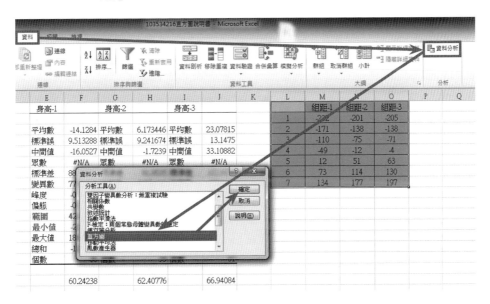

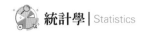

步驟三十三： 「輸入範圍(I)」選取「$A：$A」（點選 A，就能選取「身
高-1」整排）

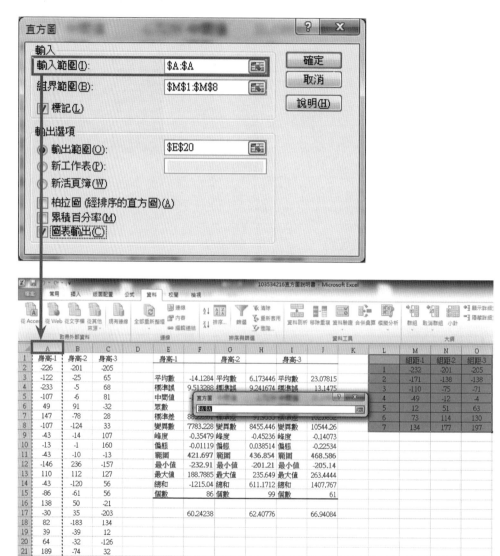

步驟三十四：「組界範圍(B)」選取「M1：M8」（選取「組距-1」）
（1 到 7 列）

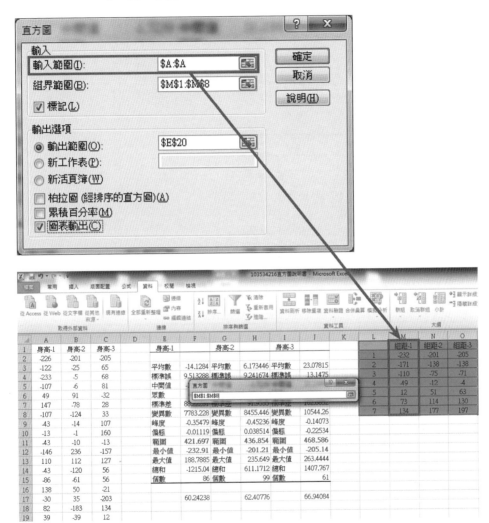

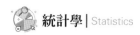

步驟三十五： 「輸出範圍(O)」選取「E20」（隨便找空位輸出即可），
勾選「標記(L)」、「圖表輸出(C)」，再按下「確定」

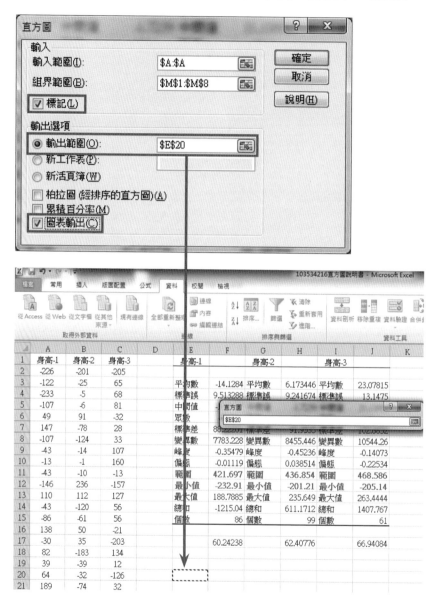

步驟三十六：「輸入範圍(I)」選取「$B：$B」（點選 B，就能選取「身高-2」整排）

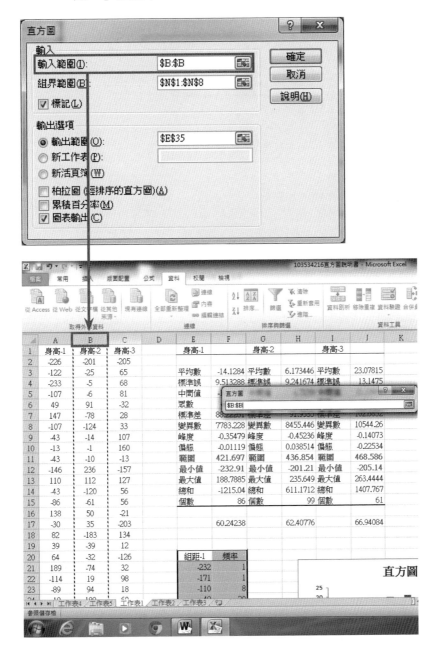

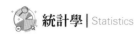

步驟三十七：「組界範圍(B)」選取「N1：N8」（選取「組距-2」）
（1 到 7 列）

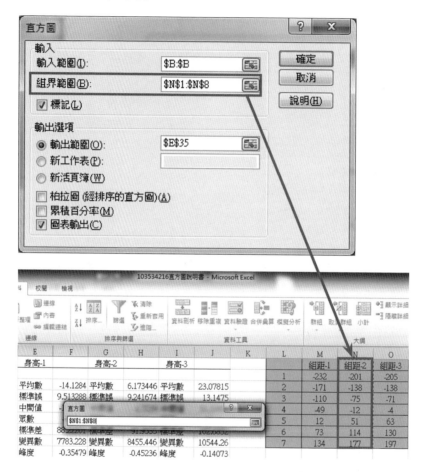

步驟三十八：「輸出範圍(O)」選取「E35」（隨便找空位輸出即可），
勾選「標記(L)」、「圖表輸出(C)」，再按下「確定」

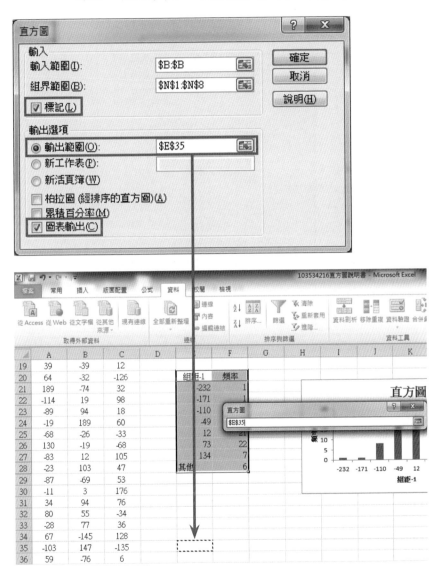

步驟三十九：「輸入範圍(I)」選取「$C：$C」（點選 C，就能選取「身高-3」整排）

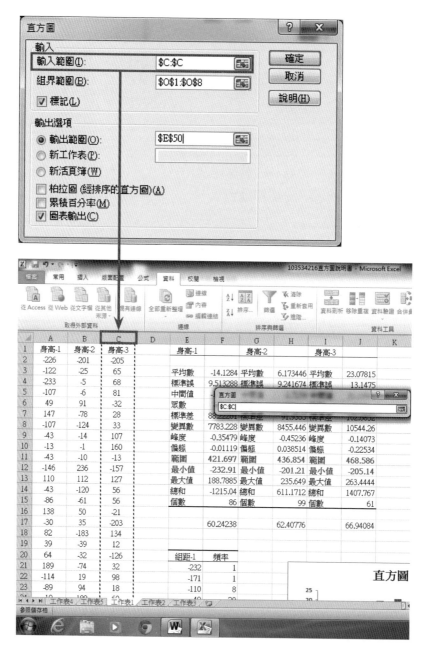

步驟四十：「組界範圍(B)」選取「O1：O8」（選取「組距-3」）（1
到 7 列）

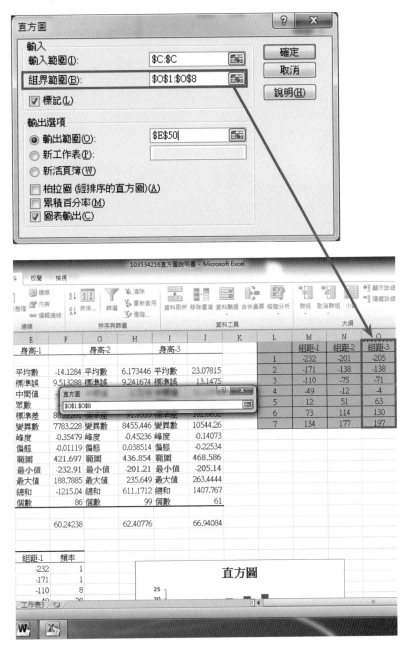

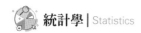

步驟四十一： 「輸出範圍(O)」選取「E50」（隨便找空位輸出即可），
勾選「標記(L)」、「圖表輸出(C)」，再按下「確定」

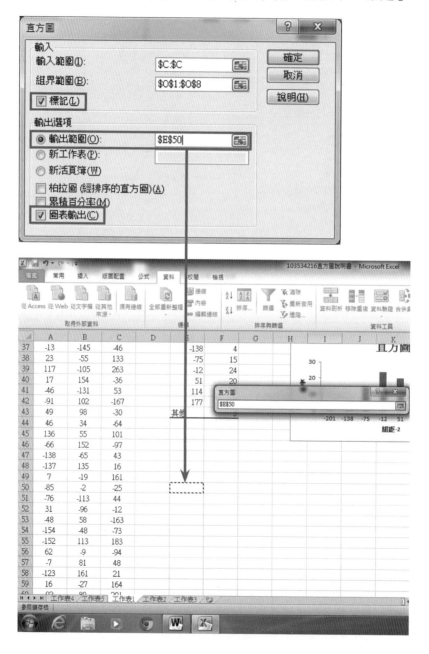

步驟四十二：　點選直方圖的數列，按下滑鼠右鍵，再點選「資料數列格式(F)…」

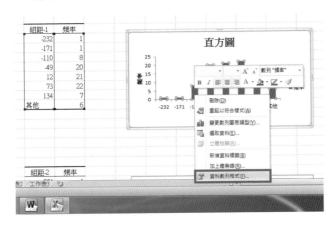

步驟四十三：　點選左手邊的「數列選項」，將「類別間距(W)」的「無間距」調整為「0%」，再按下「關閉」。重複 3 次，把「身高-1」、「身高-2」、「身高-3」的直方圖「無間距」都調整為「0%」

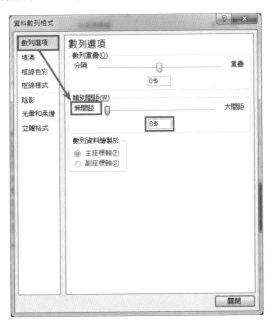

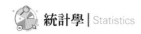

統計學 | Statistics

步驟四十四： 最後可再使用「填滿色彩」功能美化你的直方圖及表格，
即大功告成

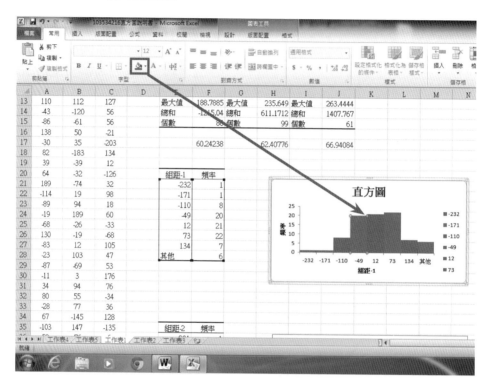

334

MEMO :

MEMO :

國家圖書館出版品預行編目資料

統計學／彭賓鈺，張振華，徐偉鈞編著.－五
版.－新北市：新文京開發出版股份有限公司，
2022.06
　　面；　公分

　　ISBN　978-986-430-836-1（平裝）

　　1.CST:統計學

510　　　　　　　　　　　　　111007624

統計學（第五版）　　　　（書號：H052e5）

編　著　者	彭賓鈺　　張振華　　徐偉鈞
出　版　者	新文京開發出版股份有限公司
地　　　址	新北市中和區中山路二段 362 號 9 樓
電　　　話	(02) 2244-8188（代表號）
F　A　X	(02) 2244-8189
郵　　　撥	1958730-2
初　　　版	西元 2001 年 09 月 15 日
二　　　版	西元 2006 年 09 月 30 日
三　　　版	西元 2011 年 04 月 30 日
四　　　版	西元 2018 年 07 月 01 日
五　　　版	西元 2022 年 07 月 10 日

New Wun Ching Developmental Publishing Co., Ltd.

New Age · New Choice · The Best Selected Educational Publications — NEW WCDP